Günter Woigk

Unterwegs

Ich danke Frau Edith Höfner für Ihre Unterstüzung durch das Zurverfügungstellen ihrer Aufzeichnungen und zahlreichen Fotos.

Günter Woigk

Unterwegs

Projekte-
Verlag
Cornelius GmbH

Impressum

1. Auflage
© Projekte-Verlag Cornelius GmbH, Halle 2008 • www.projekte-verlag.de
Mitglied im Börsenverein des Deutschen Buchhandels

Satz und Druck: Buchfabrik Halle • www.buchfabrik-halle.de

ISBN   978-3-86634-641-3
Preis: 12,90 EURO

Inhaltsverzeichnis

Private Schiffsreisen

Privat unternommene Reisen

Vorwort

Da wird man von seinen Nachbarn gefragt: „Na, wo geht denn die nächste Reise hin? Sie sind ja fast nie zu Hause." Das zeigt, dass wir mit unserer Reisetätigkeit aufgefallen sind. Es ist wahr, dass wir in den Jahren nach 1993 oft unterwegs waren. Es hängt damit zusammen, dass wir Mitglied der weltweiten Organisation „The Friendship Force" geworden waren, einer Organisation, die zum Anliegen hat, Menschen verschiedener Nationalität, unterschiedlicher Rasse, Religion und Weltanschauung zusammenzuführen, gegenseitiges Verständnis für Lebensweisen und -ansichten zu entwickeln, durch Besuche der über 350 Vereine und Clubs in der Welt. (Informationen über die Organisation finden sich im Internet unter www.thefriendshipforce.org). In der vorliegenden Broschüre sind einige Berichte von den vielen Reisen enthalten, die von den Eindrücken und Erlebnissen dabei erzählen, die auf eine individuelle Art das eigene Leben bereicherten. Da im Vordergrund dieser Aktivitäten der unmittelbare Kontakt zu den Menschen steht, bilden sich gleichzeitig mit dem Kennenlernen des Landes und seiner Sehenswürdigkeiten engere, oft freundschaftliche Beziehungen zu gleich gesinnten Menschen heraus. Auch wenn es sich bei diesen Berichten vornehmlich um persönliche Eindrücke handelt, so vermitteln sie doch auch allgemeines Wissen über die landschaftliche Vielfalt, die sich in den einzelnen Ländern und Regionen offenbart und sind vielleicht ein Anreiz, mehr von der Welt kennen lernen zu wollen.

Sie zeigen aber auch gleichzeitig, welche besonderen Möglichkeiten und individuelle Erlebnisse der Verein „The Friendship Force" bietet.

Vielleicht sind diese Berichte aber auch nur unterhaltsame Lektüre.

Ergänzt werden diese Berichte auch durch Beschreibungen von privat unternommenen Reisen, vorwiegend Schiffsreisen. Leider konnten es immer nur kurze Streiflichter sein, die durch diese und dazu noch aus persönlicher Sicht geschriebenen Reiseberichte vermittelt werden. Dennoch mögen sie geneigte Leser finden.

Reisen als Mitglied der Organisation
The Friendship Force

EUROPA

Erster Besuch auf den Britischen Inseln

Alles hat mal einen Anfang. So bildete eine Reise, mit einer Gruppe des hallischen Vereins „The Friendship Force", zu zwei Clubs in England den Beginn einer regen Reisetätigkeit. Wir reisten zu uns unbekannten Menschen, bei denen wir eine Woche zu Gast sein sollten. Vom Flughafen Heathrow aus erreichten wir nach mehrstündiger, bequemer Busfahrt Bournemouth, wo uns auch Fred und Eileen, ein schon älteres Rentnerehepaar, erwarteten. Als Erstes stotterten wir: „Nice to meet you!" und wurden danach in den, auch bereits das Rentneralter präsentierenden, „Talbot" verfrachtet. Mit ihm erreichten wir das kleine Häuschen unserer Gastgeber und wurden in ein Zimmerchen eingewiesen, das, so schien es, gerade noch unser Gepäck aufnehmen konnte. Wir schliefen hier dennoch gut unter einem, an der Decke simulierten, Sternenhimmel.

Die Enge in dem Zimmer machte uns nichts aus, denn wir konnten und sollten uns im ganzen Haus frei bewegen. Fred, ein humoriger Charakter, der die 80 schon hinter sich hatte, hatte wohl die halbe Nachbarschaft und Freunde mobilisiert, um mit uns ein Gläschen Wein zur Begrüßung zu trinken. Und so ergab sich schon nach kurzer Zeit eine stimmungsvolle Atmosphäre, zu der auch wir mit ein paar Spielchen beitrugen. Am nächsten Tag, nach dem von Fred angerichteten englischen Frühstück, brachte uns der „Talbot" zum ersten Treffen. Hier geleitete uns ein Stadtführer in historischer Kleidung durch den geschichtsträchtigen Ort Christchurch und vermittelte die interessante Geschichte dieses Ortes. Angenehm war dann der zwei Kilometer lange Rückweg nach Bournemouth, den wir zu Fuß immer am sandigen Strand entlang bewältigten. Bournemouth (151 000 Ew.) ist ja ein beliebtes Seebad am Kanal mit großen Flächen englischen Rasens, auf denen Jung und Alt lagerten. Wir probierten natürlich auch schon einmal die nicht allzu kühlen Fluten des Atlantiks.

Tags darauf setzte unser Gastgeber uns an einem weitläufig angelegten Botanischen Garten ab, in dem wir Beachtliches an Gartenkunst (sowohl englischer als auch japanischer und römischer) bestaunen konnten.

Unsere Gastgeber ließen uns oft freien Lauf, so dass wir selbständig eine Bootsfahrt zur nahen Insel Brownsea unternahmen. Das dort stehende historische Kleinod, die Kirche St. Mary, ist von einem ausgedehnten Park umgeben, in dem Pfauen stolz paradieren.

Fred und Eileen waren regelmäßige Teilnehmer an Trödelmärkten, die hier wie Volksfeste abliefen. Da hieß es: „We give you the keys of our house. We will come back in the afternoon!" Wir wollten uns diesen Trödelmarkt auch nicht entgehen lassen und spazierten, uns nach dem Stadtplan orientierend, dorthin, wo gerade eine Feuerwehrkapelle mit Blasmusik ihren Auftritt hatte, in typisch englischer Manier marschierend.

Höhepunkt dieser ersten Woche wurde der Ausflug nach London. Auch wenn es sich nur um einen Tagesausflug handelte, konnten wir doch einen Blick auf die Towerbridge werfen, bestiegen das Monument, eine Säule (330 Stufen), die an den großen Brand von 1666 erinnert, bei dem ein Drittel Londons eingeäschert wurde und 100 000 Menschen obdachlos wurden. Von hier aus genossen wir einen herrlichen Blick über London, schauten dann in die St. Paul's Kathedrale und nahmen den Buckinghampalast (von außen nur!) in Augenschein. Der Queen begegneten wir nicht, wohl aber „Bobbys" und Wachsoldaten. Wir fanden auch das Haus eines englischen Seehelden, das Haus von Sir F. Drake, der 1540 mit einem Seesieg die britische Seefahrtstradition begründete. Natürlich beeindruckten der flutende Verkehr einer Großstadt und die typischen Londoner Doppelstockbusse. Leider ließ die lange Warteschlange den Besuch des berühmten Tussaudschen Wachsfigurenkabinetts nicht zu.

Nach diesem ereignisreichen Ausflug ging es etwas geruhsamer zu. Wir unternahmen mit unseren Gastgebern eine Landpartie mit Picknick (wieder oder immer noch mit dem „Talbot", der inzwischen doch den Weg zum Schrottplatz gefunden hat). Schnell war die erste Woche unseres Aufenthaltes vergangen und wir mussten uns von unseren freundlichen Gastgebern verabschieden. Wir haben später noch einmal Fred und Eileen privat besucht und dabei deren kleines, mit Steinen übersätes, Gärtchen kultiviert.

In der zweiten Woche waren Pat und Laurie unsere Gastgeber. Sie besaßen ein Bed and Breakfast – Restaurant, so dass es nun etwas komfortabler zuging. Während sie ihrer Arbeit nachgingen, hatten wir die Schlüsselgewalt über ihr Wohnhaus. Unser jetziges Domizil befand sich nicht weit vom bekannten New Forest, einem über 571 km² großen Waldgebiet, in dem Pferde, Rinder, Schweine, Schafe mit Hasen, Rehen und anderem Waldgetier einträchtig weideten. Wir nutzten den interessanten Wald zu ausgiebigen Spaziergängen.

Die nähere Umgebung bot geschichtsträchtige Eindrücke, z. B. mit der mächtigen Kathedrale von Salisbury, die Wilhelm der Eroberer 1075 bauen ließ. Wir lernten mit Lymington, ein hübsches idyllisches Hafenstädtchen kennen und wurden in Winchester, wo in der großen Halle einst das englische Parlament zum ersten Male zusammentrat und wo der berühmte runde Tisch König Artus' aufbewahrt wird und besichtigt werden kann, vom dortigen Bürgermeister begrüßt. Winchester war im 9. Jahrhundert für 200 Jahre die Hauptstadt Englands und besitzt die längste Kathedrale Europas Bei einem Ausflug nach Romsey kamen wir gerade zurecht, als ein frisch getrautes Paar die Kirche verließ. Die Herren der

Hochzeitsgesellschaft vornehm mit Zylinder, die Damen in langen Kleidern und Blumenkränzen im Haar.

Dann war da auch noch die mittelalterliche Stadt Southampton, die in der Seefahrtsgeschichte eine wichtige Rolle gespielt hat und noch spielt. Von hier machten sich die so genannten Pilgerväter auf, um die Neue Welt zu besiedeln. Die riesigen Luxusdampfer Queen Mary, Titanic, Queen Elisabeth und heute die Queen Mary II gingen und gehen von hier aus auf „Große Fahrt". Schon die Römer hatten hier einen wichtigen Hafen angelegt. Imposant für uns war auch das Porchester Castle, Teil einer früheren römischen Befestigung. Wir erfuhren, dass die Stadt Portsmouth, zusammen mit dem Seebad Southsea, zu den besten Urlaubsorten in Südengland zählt.

Es war ein wunderbarer Aufenthalt bei gastfreundlichen Menschen. Und die gute Stimmung bei der Abschiedsparty, ausgestattet mit einer Tombola, unterstrich, dass es zwischen Menschen verschiedener Nationalität durchaus zu einem guten Einvernehmen kommen kann.

Im Königreich der Niederlande

Das Königreich der Niederlande hat seinen Bekanntheitsgrad wohl durch die Tulpen, Mühlen, Radfahren und die „Klompen", für manche auch durch den Fußball, erhalten. Wir besuchten das Städtchen Zutphen (mit 32 000 Ew.). Hier fanden wir Historisches und Modernes auf angenehme Art verbunden. Schmucke Backsteinhäuser geben der Stadt das Gepräge. Inge, unsere Gastgeberin, war bemüht, viel von dem für dieses Land Typischen zu zeigen. So fuhren wir in das Poldergebiet und zu dem idyllisch gelegenen, als Klein-Venedig bezeichneten, Ort Giethoorn, durchzogen von einem

Geflecht an Wasserstraßen und radelten zum „dicken Boom". Die Holländer, wie die Niederländer oft genannt werden, obwohl es eigentlich nur 2 „echte" holländische Provinzen gibt, führen mit dem Meer einen ständigen Kampf. Durch den Bau von Deichen „polderten" sie das Meer ein und legten anschließend mit Hilfe von Schöpfmühlen diese „Polderflächen" trocken. So gewannen sie im Verlaufe von 70 Jahren rund 200 000 ha, teilweise 6-7 m unter dem Meeresspiegel liegendes, fruchtbares Land. Allerdings holt sich das Meer an den Küsten jährlich viel Boden wieder zurück.

Im ausgedehnten Openlucht-Museum (Freilichtmuseum) wurde uns ein Bild davon vermittelt, wie man vor Zeiten auf dem Land gewohnt und gelebt hatte. Hier wohnten wir u. a. der Herstellung von Büttenpapier bei und nahmen auch eine Probe mit nach Haus. In Hattem, einem kleinen Ort, zeigte man uns, wie die Altvorderen ihr Brot gebacken haben. Wir durften selbst einmal solch „Gebak" produzieren.

Beeindruckend die wechselvolle Landschaft mit von hohen Bäumen gesäumten Alleen und saftigen Weiden und den von Parks umgebenen prächtigen Herrenhäusern und Schlössern, wie das Schloss Het Loo, das von der 1962 verstorbenen Großmutter der derzeitigen Königin Beatrix bewohnt worden war. Im Nationalpark Hoge Veluwe bewunderten wir ein interessantes Jagdschlösschen und besuchten das van Gogh-Museum sowie eine unterirdisch angelegte erdgeschichtliche Ausstellung. Überall trafen wir auf Radfahrer. Räder konnte man sich vielfach kostenlos ausleihen. 14 500 km gut ausgebaute Radwege machen das Radfahren in den Niederlanden zu einem Vergnügen, das aus unserer Sicht lediglich beeinträchtigt wurde dadurch, dass die Räder meist ohne Rücktrittbremse ausgestattet waren.

Sportlich ging es dann beim „Klootschieten", dem beliebten Freizeitsport, zu. Dabei mussten Teams von 4-5 Personen, abwechseln werfend, einen Ball (Kloot) mit möglichst wenigen Würfen über mehrere Kilometer hinweg, auf Straßen und

Wegen, zu einem Ziel bringen. Das Team, das mit den wenigsten Würfen das Ziel erreichte, war Sieger.

Es kam uns nach dem Sport wie eine Zumutung vor, dass die Mittagsmahlzeit ein *Essen im Laufschritt* sein sollte. Doch handelte es sich, wie sich bald herausstellte, hierbei keineswegs um eine neue olympische Disziplin, sondern es konnte sogar von Behinderten bewältigt werden. Zunächst wurden nämlich Grüppchen zu 3-5 Personen gebildet, die jeweils zu verschiedenen Clubmitgliedern in Marsch gesetzt (gefahren!) wurden, um sich dort eine Vorspeise, wie z. B. eine holländische Gurkensuppe, einzuverleiben. Danach ging es zu einer anderen Familie, die die Hauptspeise servierte, und schließlich erhielt man bei der dritten Station das Dessert. Der „Lauf" endete mit einer gemeinsamen Kaffeerunde. Es versteht sich, dass man auf diese Weise mit vielen Menschen zusammenkam und etliche typische Rezepte kennen lernte. Die Abschiedsparty rundete die gewonnenen Eindrücke ab, über die Freundlichkeit der Gastgeber, die sich mit zum Teil lustigen Geschenken von uns verabschiedeten, und über all das Gesehene und Erlebte, von dem nur ein Teil hier berichtet werden konnte.

Die nächste Woche verbrachten wir in Arnheim, einer modernen und geschäftigen Großstadt mit 134 000 Einwohnern. Auch hier begrüßte uns der Oberbürgermeister mit herzlichen Worten. Den Namen Arnheim verbindet man mit der Erinnerung an die Schlacht um die Brücke von Arnheim (im September 1944), welche mehrfach die Grundlage für einen Film abgab. Ein englisches Fallschirmbataillon versuchte nach einem spektakulären Luftlandeunternehmen die Brücke für den Übergang der Englischen Armee frei zu halten. Das Unternehmen des Feldmarschalls Montgomerys schlug jedoch fehl und führte zu harten Kämpfen mit den deutschen Truppen bei schwersten Opfern auf beiden Seiten. Hierzu gibt das Airborne-Museum in Oosterbeek, einer Vorstadt von Arnheim, eine erfreulich objektive Darstellung. Von den Zerstörungen, insbesondere in der Arnheimer Innenstadt, ist heute nichts mehr zu sehen, lediglich ein gut gepflegter Soldatenfriedhof weist auf die vielen Opfer hin, die diese Schlacht gefordert hatte. Eine Attraktion Arnheims ist zweifellos der berühmte Burgers-Zoo. Auf dem riesigen Gelände kann man sich schon einmal in eine andere Erdzone versetzt fühlen, wenn man sich durch ein künstlich angelegtes Gewirr von Lianen und anderen exotischen Pflanzen hindurchhangeln muss oder sich unvermittelt in einer Wüstenlandschaft wiederfindet. Da kann man Giraffen, Affen, Löwen und Geparden, allerdings aus gesicherter Entfernung, beobachten. Eine wahrhaft tolle Anlage!

Zusammen mit unseren Gastgebern unternahmen wir auch einen Ausflug nach Schloss Doorn, das der ehemalige deutsche Kaiser nach seiner Abdankung bis zu seinem Tode (1941) bewohnt hatte. Dieses, heute als Museum gestaltete, Schloss enthält die Fülle von 1500 Ausstellungsstücken, die einen Einblick in das vormals kaiserliche Lebensmilieu gewähren. Der Kaiser hatte mit 59 Waggons den Hausrat der Hohenzollern-Schlösser herbeibringen lassen, so auch seine 87 (von angeblich 800) Uniformen. Er soll ja ein eitler Mensch gewesen sein, der sich am Tage bis zu 6mal umzog. So finden sich in den standesgemäß ausgestalteten Räumen, neben kostbarem Tafelgeschirr und Gemälden, auch vielerlei dekorativ angeordnete Geschenke, wie über 100 kunstvoll verzierte Schnupftabakdosen. All dies macht das Schloss heutzutage zu einem, eine Menge Nostalgie hervorrufenden, viel besuchten touristischen Anziehungspunkt mit jährlich über 60 000 Besuchern.

Ein Volksfest besonderer Art erlebten wir bei unserem Ausflug in das nahe gelegene Nijmwegen, als wir das Eintreffen der 4000 Teilnehmer des internationalen 4-Tage-Marsches, über 160 km, erlebten. Hierbei handelt es sich wahrscheinlich um das weltgrößte „Walking-Event".

Schließlich servierten uns unsere Gastgeber Eugène und Diny einen geschmackvollen „Benedictine"-Likör, der uns von nun an als Hausmarke an den angenehmen Aufenthalt in den Niederlanden erinnert, doch zu unserm Leidwesen nur sehr schwer zu bekommen ist.

Hund im Bett und Stierhoden

Von einer Reise möchte ich noch berichten, weil sie mit etwas Ungewöhnlichem verbunden war. Sie führte in das benachbarte Frankreich, nach dem am Rande der Vogesen gelegenen Ort Remiremont. Unsere dortigen Gastgeber waren fast ausnahmslos Lehrer, die es verstanden, trotz Stundenplans die Betreuung der Gäste geschickt zu organisieren.

Ich wurde etwas außerhalb auf einem früheren Bauernhof, den sich ein jüngeres Ehepaar als Domizil auserwählt hatte, einquartiert, schlief auf einer in der Ecke einer Diele eingerichteten Lagerstatt und hatte außer einem Stuhl weder Schrank noch Garderobe. Doch so etwas toleriert man bei solchen Reisen. Außer der netten Gastgeberfamilie mit einer hübschen Tochter waren da noch ein junges Pferd, eine Ziege, als dessen Stallgefährte, eine Katze und der große, schwarze Hofhund Jarko. Dieser zottige, doch zahme, zutrauliche Geselle suchte mich einmal nachts auf meiner Lagerstatt auf, schmiegte sich an mich und konnte erst von der Gastgeberin zur Ordnung gerufen werden. Der Anlass für diesen überraschenden Besuch war ein Gewitter, das den Hund offenbar geängstigt hatte. Natürlich war dieses Erlebnis dann Gegenstand von Frotzeleien in der Reisegruppe, was mich nicht sonderlich berührte.

Ein Ausflug führte uns in ein Dorf, wo gerade ein traditionelles Fest gefeiert wurde, nämlich – um es mal umständlich auszudrücken – die Umwandlung von Bullen oder Stieren zu simplen Ochsen. Es war ein richtiges Volksfest mit einem Umzug, mit Verkaufsständen, Bierzelt und Blasmusik. Ja, und in einem großen Zelt mit Tischen und Bänken konnte man auch eine Mahlzeit einnehmen. Und was stand u.a. auf der Speisekarte? *Gedünsteter Stierhoden.* Wir wurden überredet, dieses ungewöhnliche Gericht zu probieren. Es sah nicht unappetitlich aus, was uns da serviert wurde. Und - was soll ich sagen: „Es hat sogar geschmeckt". Doch eine potenzielle Wirkung, wie sie sich der eine oder andere erhofft hatte, blieb aus.

Erwähnt werden soll noch, dass wir auch in Frankreich allerhand erlebten, so bei Fahrten nach Epinal, Eguisheim, Straßburg und in das Dorf Deneuvre, zu den Herkulesquellen, wie auch zu dem Kristallmuseum Baccarat.

Beim Abschiedsabend meinten unsere Gastgeber uns etwas Besonderes bieten zu wollen und machten uns zu Zuschauern bei einer Striptease-Show, was als ein Element französischer Lebensart und Toleranz gelten kann, doch nicht von allen als ein Highlight empfunden wurde.

Freds Haus in Bournemouth, England

Herrenhaus, Niederlande

Im Burgers Zoo in Arnheim

Schloss Doorn, Wilhelm II., Niederlande

NORDAMERIKA

Auf Karl Mays Spuren

Hört man „Texas", so drängt sich einem sogleich ein Bild mit Cowboys und Colts, Ranchs und riesigen Rinderherden, Saloons und Sheriffs auf, wie das die Westernfilme im Fernsehen oder Kino vermitteln. Nun, so romantisch dieses Bild auch erscheinen mag, es entstammt der Vergangenheit, der Zeit nämlich, in der das weite Land erst besiedelt und den Komantschen und Apachen, also Indianerstämmen, abgenommen wurde und basiert zum großen Teil auf den literarischen Schilderungen von Karl May. Er, der, wie man erfahren konnte, niemals in seinem Leben diesen Landstrich besucht und gesehen hatte, beschreibt das Flair der vergangenen Zeit so detailliert, das man geneigt ist, dieses Bild auch für das heutige Texas zu übernehmen. Auf unserer Reise in das mit 691 km² Fläche zweit größte Bundesland der USA war es nichts mit wilden Indianerstämmen, nichts mit rauchenden Colts und auf ihren Mustangs dahinrasenden Winnetous oder Shatterhands. Reste dieser einst das Land ihr Eigen nennenden Urbevölkerung finden sich heute nur noch in Reservaten und dienen den Touristen als Vorzeigeobjekte.

Ein wenig vom Westernleben vermögen vielleicht noch die breitkrempigen Hüte, die ledernen Schaftstiefel und Hosen der Texaner und die lose um den Hals gewundenen bunten Tücher zu suggerieren. Die griffbereit an der Hüfte baumelnden Colts sind jedoch „out" und nur den Rangern, den texanischen Ordnungshütern, vorbehalten. Prägender für das heutige Texas sind eher große moderne Erntemaschinen und vor allem die gewaltigen Wolkenkratzer der Ölmagnaten in den Metropolen wie Houston, San Antonio und natürlich

Dallas. So verlieren sich die von Karl May gelegten Spuren mehr und mehr und die neuen Realitäten gehen von denen aus, die uns mit dem Bild von den „Ewings" in der Fernsehserie „Dallas" vorgestellt wurden. Doch gestatten historische Orte und Museen interessante Blicke in die zwar kurze, doch recht wechselvolle Vergangenheit dieses amerikanischen Bundeslandes. Das Gebiet des heutigen Texas befand sich von 1519 bis 1621 unter Spanischer Herrschaft, was sich zum Teil noch in einigen historischen Bauten im spanischen Kolonialstil widerspiegelt. Danach nahm Mexiko das Land in Besitz, zwischenzeitlich auch Frankreich, ehe 1836 die Texaner, nach schweren Kämpfen, ihr Land zur unabhängigen Republik erklärten. Erst 1865 schloss sich Texas den USA an. Ein Symbol für diese Kämpfe stellt die ehemalige Mission Alamo dar, wo eine Handvoll Texaner 12 Tage lang der mexikanischen Armee (unter General Santa Anna) Widerstand leistete.

Man sollte meinen, dass dieses unter heißer Sonne liegende Land (im Sommer durchschnittlich 35,5 °C) vorwiegend Steppe ist und wenig landschaftliche Reize aufweist. Doch dem ist nicht so. Im Herzen Texas' gibt es Hügelland mit Felsen, Quellen und Flüssen. Der Frühling präsentiert sich mit einer reichen Palette bunter Blüten.

Dieses Hügelland wurde seinerzeit vorwiegend von deutschen Einwanderern besiedelt, deren Einfluss noch vielerorts in Städten wie Fredricksdorf, Boerne u.a. spürbar ist. Die früheren Siedler bauten solide Steinhäuser und entwickelten Gewerbe und Geschäftsleben. So stößt man heute noch in diesen Städten auf Hotels, Antiquitätenläden, Kunstgalerien und Cafés, die auf Gründungen deutscher Familien zurückgehen und mitunter auch noch von, inzwischen „amerikanisierten", Nachkommen geführt werden. Zuweilen wird hier und da auch noch deutsch gesprochen und verstanden sowie vielerorts deutsche Sitten und Bräuche gepflegt.

Als ein Beispiel für die Initiative deutscher Siedler gilt das von Wilhelm Menger 1859 in San Antonio, der heute neuntgrößten Stadt der USA, gegründete und mit inzwischen 750 Betten modern ausgestattete Hotel.

Das so genannte Pionier-Museum in Fredricksburg, ein ursprünglicher deutscher Siedlungskomplex mit alter Schmiede, Schule, Bäckerei sowie mit alten Gerätschaften, verschafft einen Eindruck vom Leben und Wirken deutscher Siedler. Alte Fotos und Zeitungen (1907 gab es dort 29 deutschsprachige) erzählen den zahlreichen Besuchern Familiengeschichten und -schicksale. In Fredricksburg konnte, wer wollte, ebenso wie auch weit im Norden, in Dallas, in einem „Biergarten" mit deutscher Kost zu Mittag essen.

Auch zur historischen Entwicklung des Landes hatten deutsche Siedler ihren Beitrag geleistet, indem sie aktiv an den Kämpfen zwischen den Texanern und den Mexikanern teilnahmen. So findet man die Namen vieler Deutscher unter den Namen der in diesen Kämpfen Gefallenen – und zwar auf beiden Seiten.

Andere Museen erzählen von der hohen Zeit der Texas Ranger. Diese ältesten, für Texas und den Westen typischen, Gesetzeshüter der alten, wilden Zeit genossen und genießen offenbar hohes Ansehen bei den Texanern, denn Bilder und Namen der bekanntesten und wohl auch erfolgreichsten Ranger zieren die Wände dieser Museen und mitunter steht man auch unermittelt einem Reiterstandbild, mit einem entschlossen dreinblickenden Ranger im Sattel, gegenüber. So grimmig sehen die heutzutage durch die Straßen der Städte paradierenden „Ranger" nicht mehr aus, sondern stellen sich bereitwillig als Fotomotiv für Touristen in Positur.

Unser freundlicher Begleiter führte uns in das Gerichtsgebäude von Austin, der modernen Hauptstadt von Texas, wo wir nach einer Leibesvisitation einer Gerichtsverhandlung beiwohnen konnten. Diese verlief jedoch keineswegs so spektakulär, wie dies uns in Fernsehfilmen oft gezeigt wird. Ungewohnt und deshalb interessanter verlief eine Stadtratsitzung, an der wir als Gäste teilnehmen durften. Der Mayor wurde durch Erheben von den Plätzen begrüßt. Danach wurde mit Hinwendung zum „Sternenbanner" und bei Auflegen der rechten Hand auf die linke Brustseite ein Gebet gesprochen, ehe man zur Tagesordnung überging, nachdem den deutschen Gästen ein herzliches Willkommen entgegengebracht worden war.

Zur amerikanischen Lebensweise gehört die Begeisterung für Sportarten wie Baseball, Golf und Football. In Fort Worth, einer weiteren Großstadt mit 120 000 Einwohnern, erlebte ich ein amerikanisches Footballspiel, das nicht mit Fußball in unseren Breiten zu vergleichen ist. Jeder kennt wohl das Bild von übereinander stürzenden, breitschultrigen, ausgepolsterten und mit martialisch aussehendem Gesichtsschutz versehenen Hünen, die um einen eiförmigen ledernen Gegenstand ringen, der auch mal mit dem Fuß gestoßen wird. Die Vorliebe und die Begeisterung der Amerikaner für dieses Spiel drückt sich in den meist vollbesetzten Stadien und z.B. auch im Jahresabonnement für die Reservierung der Parkplätze aus. Für die mit den Spielregeln nicht so Vertrauten dürfte eher die Show Drumherum, mit den emsig paradierenden und dabei unablässig musizierenden farbenprächtigen Kapellen und den hübschen, recht sparsam bekleideten, unentwegt ihre schlanken Beinchen schwingenden Girls, interessant sein. Es ist immer ein beeindruckendes Spektakel, von dem man tags darauf in der Zeitung lesen konnte, welche der beiden Mannschaften gewonnen hatte.

Zum Flair von Texas gehört gemeinhin auch die Weite einer Ranch. Eine Ranch, so wurde erklärt, ist nur auf Viehwirtschaft ausgerichtet, wobei die auf einem ausgedehnten Areal frei weidenden Rinderherden weniger Arbeit machen, als die

Erzeugung landwirtschaftlicher Produkte auf einer Farm. Ein Rancher beteiligte mich einmal an der wöchentlich durchgeführten Zählung der weit verstreut weidenden Rinder. Ein Hauch von Cowboyleben ging auch von dem Besuch einer alten Sattlerei aus, in der prachtvolle Sättel hergestellt wurden. Zu sehen waren auch ebenso prächtige Cowboystiefel, die allerdings auch „ihren Preis" hatten. Doch hierfür spart ein echter texanischer Cowboy nicht mit Geld. Schließlich will man bei den Rodeos auch durch sein Outfit beeindrucken.

Und wenn vom Flair die Rede ist, muss man auch einen Abend in einem echten texanischen Pub mit einbeziehen. Im „Broken Spoke" (gebrochene Speiche) z.b. tanzte man ausgelassen bis in die Nacht hinein. Auch ein Baby, um den Leib der tanzsüchtigen Mutter gewickelt, war da für diese nicht hinderlich.

Zweifellos verbindet sich mit dem Begriff Texas der Name der, durch die TV-Serie mit dem Fiesling J. R. Ewing bekannt gemachten, Stadt Dallas. Hier symbolisiert der Kontrast, zwischen dem noch erhaltenen Holzhäuschen der ersten Poststation und den modernsten und höchsten Bauten der Banken und Ölkonzerne, die rasante Entwicklung dieser Großstadt.

Doch Dallas zu erwähnen bedeutet gleichzeitig auch, auf das Attentat auf den damaligen amerikanischen Präsidenten John F. Kennedy einzugehen. Im Museum „Sechster Stock", von wo aus die tödlichen Schüsse fielen, konnte man, mit Hilfe einer akribisch zusammengestellten Dokumentation, dieses Attentat nachvollziehen.

Fazit dieser Reise: Die Fülle des Gesehenen und Erlebten kann nur ein Streiflicht von dem Staat Texas vermitteln. Nicht vergessen werden sicherlich die bei den abendlichen Treffen und Barbecues gespürte Herzlichkeit aller Gastgeber und die gewonnenen Einsichten in die Geschichte des Landes und in die Lebensweise der Texaner.

Orange County

Eine Reise galt den legendären USA-Staaten Kalifornien und Arizona. Ziel der ersten Woche war Orange County. Orange County ist ein der Stadt Los Angeles benachbarter Bezirk. Ann und Dale, unsere Gastgeber, empfingen uns wie alte Bekannte und in ihrem „Buick" strebten wir auf beeindruckend breiten Highways unserem „Quartier" in Huntington Beach zu. Huntington Beach, wie der Name schon sagt, nicht weit von den herrlichen Stränden des Pazifik gelegen, ist eine der mitunter unmerklich ineinander übergehenden Städte dieses Bezirks, in dem rd. 3 Mio. Menschen wohnen. In dieser Stadt wie auch in anderen Städten des Bezirks (Laguna Beach, Santa Ana) leben jeweils über 100 000 Einwohner. Ungewöhnlich, dass sich in unmittelbarer Nähe von Los Angeles noch mehrere Großstädte befinden, die zumeist gar nicht die Merkmale einer solchen Stadt, wie Hochhäuser, dichte Wohnviertel und Geschäftsstraßen, aufweisen. Die schmucken Wohngebiete und Siedlungen der Städte erstrecken sich über weit ausgedehnte Flächen mit Gewerbegebieten und vor allem „Supermarkets". In letzteren sieht man sich einem Überfluss gegenüber, der zumindest nachdenklich macht. Die Konzentration der Bevölkerung auf Kaliforniens Westküste ergibt sich daraus, dass ein Großteil des Landes aus unbewohnbaren Wüstengebieten besteht.

Automatik

Unsere Gastgeber hatten ihr Haus in einer ruhigen Siedlung. Der Buick, der, wie wir dies auch bei allen Autos bemerkten, mit automatischer Gangschaltung fuhr, bog auf die breite Einfahrt eines schmucken Flachbaus ein – dann ein Griff an die Decke des Buick! – und schon rollte sich das Garagentor auf. Automatik! Automatisch auch die Berieselung der Rasenflächen und Blumenschalen zu einem bestimmten Zeitpunkt. Automatisch reagierte die Klimaanlage, und auch der Alarm würde automatisch ausgelöst werden. Dass in der Küche, die in den Häusern der Amerikaner gewöhnlich in den Familienraum integriert ist, vieles automatisch abläuft, ist auch uns nicht neu. Zuweilen sorgte die verschiedenartige Automatik in den Toiletten bzw. an den Wasserhähnen sogar für Verwirrung. Eine Randerscheinung. Das ist eben das supermoderne Amerika. Von dem uns zugewiesenen geräumigen Gästezimmer mit Bad hatte man einen Blick auf ein Ölfeld, wo etliche Pumpen wie von Geisterhand automatisch die Grundlage für Macht und Reichtum, das Erdöl, förderten. Nicht ganz so automatisch verlief die Verständigung. Sie war, wie oft bei diesen Reisen etwas holprig. Ann hatte jedoch nach 1945 einige Zeit in Deutschland verbracht und einige deutsche Worte behalten, und wir hatten ebensolche in Englisch von unseren früheren Reisen parat. Schließlich lag da auch noch ein dickes Wörterbuch. Das genügte, um in den folgenden Tagen zu einem einigermaßen ersprießlichen Gedankenaustausch zu gelangen.

Ein Schulcamp

Tags darauf besuchten wir bei einem Ausflug in die San Gabriel Berge ein tief im Wald gelegenes Camp, das im Wechsel wöchentlich von 175 Schulkindern der 5. Klassen belegt wurde. Der ehemalige Direktor berichtete, dass auf diese Weise jährlich etwa 8000 Schülerinnen und Schüler hier von 15

Lehrern Unterricht erhalten. Dieser besteht darin, die Stadtkinder mit der Natur vertraut zu machen. Sicherlich eine recht interessante und nützliche Idee, die sich das Land auch etwas kosten ließ. Der Unterricht fand meist im Freien statt und der „Klassenraum" lag zwischen Bäumen und Sträuchern. Eine Woche ohne Fernsehen fiel den Kindern zunächst schwer, doch nach einer Woche hatten sie das Heimweh vergessen, gab es doch auch besondere Erlebnisse: An einem Sonnabend musste ein Bär erlegt werden, weil er im Camp nichts zu suchen hatte. Er wurde zerlegt und Kopf und Tatzen kamen in den Kühlschrank. Man stelle sich nun die Überraschung der Köchin vor.

Mission

Interessant war auch der Besuch der San Juan Mission, einer von einundzwanzig Missionen, die, von den Franziskanern im 18. Jh. gegründet, dann aber von der spanischen Regierung zum Schutz und zur Umerziehung der kolonialen Bevölkerung genutzt wurde. Auf dem ausgedehnten, weitgehend restaurierten Gelände, – der Kirchturm war z.b. bei einem Erdbeben eingestürzt, – hatte man auch eine „kitca", eine Hütte, errichtet, um zu zeigen, in welcher Art von primitiver Behausung die Eingeborenen damals lebten. Unter mexikanischer Herrschaft waren die Missionen später aufgeteilt oder verkauft worden. Der amerikanische Präsident Lincoln hat sie dann per Dekret der katholischen Kirche zurückgegeben. Nunmehr vermitteln die Missionen als Museen ein Bild von der Bedeutung und dem Leben in der Mission, in der auch ein Raum für Soldaten war, die für den Schutz der Mission und der Priester sorgen sollten. Sicherlich keine leichte Aufgabe für die 2 bis 5 Mann Besatzung.

Blick in eine Sattlerei, Texas

Ölpumpen in Huntington Beach, Orange County

Mission San Juan, Kalifornien

Kitca in der Mission San Juan

Los Angeles

Wenn man schon in der Nähe von Los Angeles ist, so versteht sich ein Besuch dieser Stadt von selbst. Auch wenn es nur ein Tagesausflug war, erhielt man doch einen Eindruck von der größten Stadt Kaliforniens mit den mächtigen, in den Himmel ragenden, 20 bis 50-stöckigen Hochhäusern der Banken und Hotels im Zentrum und dem lebhaften Verkehr. Dieser bricht trotz der großzügig angelegten Verkehrswege regelmäßig zusammen und ist wohl auch der entscheidende Auslöser dafür, dass die Stadt fast stets unter einer Smogglocke liegt, die oftmals der Sonne den Weg versperrt. Überhaupt: Straßen! Sie faszinierten durch ihre Geradlinigkeit, ihre Breite, (teilweise 7-spurig) und mit den verschlungenen, mehrstöckigen Zufahrten. Man hält sich im Allgemeinen diszipliniert an die vorgegebenen Tempolimits. Die Ampeln sind, für uns ungewohnt, auf der Gegenseite der Kreuzung und, was uns zuerst erschreckte: man kann bei Rot rechts abbiegen (ganz ohne grünen Pfeil!). Los Angeles ist ein (1850 gegründeter) so genannter County, ein Verwaltungsbezirk, und umfasst 88 Cities mit eigenen Räten. Insgesamt wohnen hier 9,8 Mio. Menschen, das sind 29% der Bevölkerung Kaliforniens. Der 16,5 Bio. Dollar Etat, so eine gleichfalls beeindruckende Information, wird zu 30% für soziale Zwecke genutzt. Für das Gesundheitswesen stehen 23% zur Verfügung.

Wir waren mit dem Zug hierher gekommen, einem Zug, der mit seiner Größe und Wuchtigkeit und mit dem tiefen Tuten, das bekannte Bild aus Westernfilmen wachrief und die Feststellung: In Amerika ist alles größer. Nicht mit Größe, doch mit dicken Mauern präsentierte sich das älteste Haus der Stadt, das 1818 von der aus Mexiko stammenden Familie Avila errichtet worden war. Diese bildete 1781 ein Pueblo (Dorf) mit 11 Familien und nannten es „Stadt der Königin der Engel" (Los Angeles). Avila handelte mit Häuten und wurde reich, wie man das augenscheinlich auch damals werden konnte. Heute ist dieses, zum Museum umfunktionierte, Haus, eingerichtet wie es 1840 ausgesehen hatte, ein Teil des mexikanischen Marktes, mit den von mexikanischer Folklorekunst und von „Andenken" überquellenden Buden.

Hollywood

Mit der U-Bahn ging es dann nach Hollywood, um etwas von dem Flair dieser Filmfabrik zu erhaschen. Für ganze 45 Cents fuhren wir hin und zurück bei einer Gültigkeitsdauer des Tickets von 3 Stunden. Übrigens fiel uns hier nicht zum ersten Male auf, dass Tickets für Senioren meist viel billiger waren. In Hollywood besichtigten wir das Kodak-Gebäude, in dem jährlich die Oscars verliehen werden. Die Namen der Ausgezeichneten finden sich in vergoldeten Lettern nicht nur an den Säulen dieses prachtvollen Hauses, sondern können auch auf dem Fußweg, in Steinplatten geritzt, „betreten" werden. An anderer Stelle hatten sich Stars wie Schwarzenegger, Hayword, Douglas u.a. mit Fußabdrücken und Namenszug in Steinplatten verewigt. Und da flanierte doch die blonde Marilyn Monroe auf dem Boulevard auf und ab. Na ja, ein Gag für die Besucher. Und die Kameras klickten!

Huntington Beach

Einen Morgen zog es uns mit unseren Gastgebern zum Strand, auch wenn das Wasser und Wetter noch nicht zum Baden einluden. In einem Strandrestaurant nahmen wir unser Frühstück ein. Dem regen Betrieb dort nach mögen es die Amerikaner offenbar, zuweilen außer Haus zu frühstücken. Es war dann nicht weit von prächtigen Hotels aus zu den herrlichen Stränden. Eine Bootsfahrt führte uns auf den freien Ozean hinaus, vorbei an aus dem Wasser ragenden Felsen, auf denen es sich Robben bequem gemacht hatten. Ein andermal hieß es: „Frühstück im Park". Das auch so genannte Lokal lag in einem um einen See angelegten Park. Dieser bot auch für Hunde mit ihren Herrchen ein weites umzäuntes Areal zum Herumtollen (der Hunde!) und zum Spielen an. In dem bunt und nostalgisch ausgestatteten Lokal, das uns frisch Gebackenes anbot, trafen wir auf eine Damenrunde, in der jede der schon etwas bejahrten Damen einem roten Hut trug. Zur Klärung: Es handelte sich um Mitglieder der Roten-Hut-Organisation, einer in den USA verbreiteten Rentnerorganisation.

Sehenswürdigkeiten

Auch wenn bei einer FF-Freundschaftsreise nicht das Aufsuchen von Sehenswürdigkeiten, sondern der persönliche Umgang mit den dort lebenden Menschen im Vordergrund steht, gelangt man bei den Ausflügen doch oft zu Bestaunenswertem. Das war z.B. so bei dem Besuch eines Aquariums, in dem man eigentlich mehrere Stunden hätte verbringen müssen. Was war da alles zu bestaunen! Von feenhaft durch das Wasser gleitenden bizarren Quallen über farbenprächtige Korallenfische bis hin zum Hai oder Rochen war hier die Fülle des Lebens im Meer dargestellt. Nicht weit vom Aquarium lag, auf dem Meer verankert, die legendäre „Queen Mary", allerdings zu weit entfernt am anderen Ufer, so dass wir nur einen Blick auf sie werfen konnten, es ließ sich doch nicht alles unmittelbar in Augenschein nehmen. Mehr als nur einen Blick erforderte aber die 1980 eingeweihte Crystal Kathedrale, ein supermoderner gläserner Bau, mit einem hoch aufragenden, in der Sonne glitzernden gläsernen Turm. Über 10 000 Fenster lassen Licht ein und zwei 30 m hohe elektronisch sich öffnende Türen bilden den Eingang für 3000 Kirchgänger. Imposant auch die 17 900 Pipes der Orgeln, die ringsum angeordnet sind (In Amerika ist alles größer!). Gelegentlich senden die Fernsehkanäle CNN oder VOX am Sonntagvormittag einen Gottesdienst von dort. Allerdings gehen beim Betrachten eines solchen Bauwerks die Meinungen auch mal auseinander.

Nixon Library

Eine Gedenkstätte besonderer Art stellt die Richard Nixon Library in Yorba Linda, 40 Minuten von Los Angeles entfernt, dar. Es ist in den USA Brauch, dass die Geburtsstätten ehemaliger Präsidenten zu Gedenkstätten ausgebaut werden. So wurde also auch das Geburtshaus des 37. amerikanischen Präsidenten zu einer Art Wallfahrtsstätte in Kalifornien. Das kleine unscheinbare Geburtshaus steht am Rande einer ausgedehnten parkähnlichen Anlage mit 2000 Rosen und einem großzügigem Museumstrakt. In 22 Galerien berichten viele Text- und Bilddokumente aus Nixons Regierungszeit, der von 1953 bis 1960 Vizepräsident war und 1969 zum Präsidenten gewählt wurde. Er hat sich insbesondere verdient gemacht um die Beendigung des Vietnamkrieges und war der erste US-Präsident, der die UdSSR und China besuchte. Die gezeigten Dokumente gestatten eine spezielle Sicht auf die damaligen politischen Begebenheiten, wie auch auf die Watergate-Affaire, die 1974 zu seinem Rücktritt führte. Und dort fanden wir dann auch ein Stück Heimat: einen mächtigen Block Berliner Mauer und einen legendären „Trabi".

Mexikanischer Markt, Los Angeles

Blick auf den Hollywood-Berg

Crystal Cathedral, Kalifornien

Richard Nixon Library, Kalifornien

Bei „Wild Bill", Buena-Park, Kalifornien

Ein wenig Wilder Westen

Kalifornien – ein Name, der Vorstellungen wachruft von über die Prärie jagenden Apachen und Komantschen, von Goldgräbern, Trappern und dem rauen Leben im Wilden Westen. Das aber liegt in der Vergangenheit. Bei „Wild Bill" allerdings, einem im Westernstil eingerichteten Lokal, sollten wir doch wohl einen Hauch davon mitbekommen. Man servierte uns das Essen in Zinnschüsseln und auf Zinntellern und zauberte mit einer Show wilder Indianertänze, Lassowurf- und Fesselkünsten etwas von der Romantik jener Zeit auf die Bühne, etwas, was die Gastgeber uns vor dem Abschied auch noch bieten wollten.

Damit ging die erste Woche zu Ende, ohne dass hier noch von den vielen netten Begegnungen, abends bei Barbecues in dem einen oder anderen Haus, berichtet werden konnte. Als Fazit konnte wohl gezogen werden: Wir hatten wieder einiges vom Way of Life in Amerika kennen gelernt, beschränkt zwar auf das materielle Niveau unserer Gastgeber, und viele interessante Eindrücke und Erfahrungen gesammelt, über die man sich auch Gedanken machen konnte. Aber vor allem: Wir hatten wieder gute Freunde gefunden.

Phönix

Die zweite Woche verbrachten wir bei FF-Freunden in Arizona, einem anderen bekannten Westernstaat. Wer Karl May gelesen hat, dem mag ein Bild von diesen beiden Staaten vermittelt worden sein, das sich tatsächlich teilweise auch unseren Augen bot. Unsere Gastgeber in Phönix, der Hauptstadt des sechstgrößten Bundesstaates der USA, hatten uns bereits vorher darauf hingewiesen, dass wir hier auf ausgedehnte

Wüsten treffen würden. Kalifornien und vor allem Arizona sind bekanntlich die trockensten Bundesstaaten der USA.

Bei neuen Gastgebern

In einem „Van", dem oft anzutreffenden Familienauto, gelangten wir zu unserem zweiten „Quartier", das dem von uns in Huntington Beach bewohnten glich. Die meisten Häuser, in die wir kamen, hatten den gleichen Zuschnitt: Großer Familienraum mit integrierter Küche, Blick und Zugang zu Veranda und Garten und große Garage mit Platz für meist zwei Autos. Da es sich in der Regel um Holzbauten ohne Keller handelt, sind Häuser, wie man uns sagte, relativ billig. Im Gegensatz zur ersten Woche stießen wir bei Martina und Glenn auf ein lebhafteres Umfeld mit einer erwachsenen Enkelin und einer 3-jährigen Urenkelin, einem zutraulichen Hündchen und einer Katze. Die Enkelin war gerade dabei, der kleinen Urenkelin die Haare zu schneiden, für mich ein Anlass, mich gleichfalls meiner schütteren Haarpracht berauben zu lassen.

Eine Party am nächsten Tag, im Hause einer der Töchter unserer Gastgeber, verstärkte diese familiäre Atmosphäre. Etwa 40 Personen (Kinder eingeschlossen) bewegten sich zwanglos in allen Räumen des Hauses und im Garten, wie das bei allen solchen Partys üblich ist. Amerikaner haben in dieser Hinsicht keine Probleme. Im Garten war für die Kinder ein Trampolin aufgebaut, später wurde eine Kletterwand errichtet. Außerdem konnte der Swimmingpool genutzt werden. Das Büfett, zu dem jeder beitrug, war wie stets bei den abendlichen Barbecues reichhaltig und abwechslungsreich, gelegentlich auch thematisch (z.B. mexikanisch) angerichtet. Gesang und Spiel trugen zur guten Stimmung und Gespräche zum gegenseitigen Kennenlernen bei.

Wir wohnten in Preoria, einem ruhigen Stadtteil von Phönix. Nicht weit davon befindet sich der Stadtteil Sun City (Sonnenstadt). Dieser erst 30 Jahre alte, sehr gepflegte Stadtteil wird fast ausschließlich von Senioren bewohnt. Für sie stehen umfangreiche Einrichtungen zu aktiver Freizeitgestaltung und zum kreativen Schaffen zur Verfügung. Wir fanden im Inneren der Gebäude Bowlingbahnen, Billardsäle, Werkstätten für Metall- und Holzarbeiten, Räume, in denen die Senioren bastelten, fast schon meisterhaft Tiffanyarbeiten ausführten und vieles mehr. Draußen konnten Golf- und Tennisplätze oder das Schwimmbecken genutzt werden. Der Grundgedanke dieser Einrichtung besteht darin, den Senioren Gelegenheit zu einer sinnvollen Tätigkeit, zur Ausübung ihrer Hobbys, als Modelleisenbahner beispielsweise, und ihnen das Bewusstsein, nicht unnütz zu sein, zu geben.

Die Senioren organisieren die Tätigkeiten in Clubs meist selbst, wie sie auch die umfangreiche Bibliothek auf freiwilliger Basis verwalteten. Wir waren sehr beeindruckt von dieser großzügigen, staatlich unterstützten Anlage, die, so wurde uns versichert, wir sprachen auch mit den dort tätigen Senioren, nicht etwa nur den Reichen zur Verfügung steht, sondern allen ortsansässigen Senioren. Die Kosten für das Wohnen in den Appartements und die Nutzung der Freizeitmöglichkeiten erschienen uns mit mtl. 360 US $ erschwinglich. Einige hatten zumeist ihr vorher bewohntes Haus verkauft und sich ein neues Heim (für 60.000 – 110.000 US$) in diesem Stadtteil zugelegt.

Für zwei Tage unterbrachen wir unseren Aufenthalt bei unseren Gastgebern, um uns einem anderen Höhepunkt zu widmen.

Grand Canyon

Es war eine lange Fahrt, denn es mussten rd. 800 km dorthin bewältigt werden, vorbei an dürftig bewachsenen Wüstenflächen, auf denen sich vornehmlich die für Arizona typischen Kakteen, die Saguaros, hoch aufrichteten. Ein nach 150 Jahren ausgewachsener Kaktus erreicht die markante Höhe von 12 m und kann nach Regenfällen bis zu 5700 Liter Wasser aufnehmen. Seine Blüte ist übrigens die Nationalblume Arizonas. Arizona liegt mit 5 130 600 Ew. seiner Bevölkerungszahl nach an 20. Stelle. Dennoch wird auch dieses Gebiet von den uns nun bekannten breiten und mitunter kilometerweit geradeaus verlaufenden Straßen durchschnitten und auch die Eisenbahn führt, nach Westernart tutend, wir sahen Züge mit mehr als 60 Güterwaggons, durch dieses nur ganz dünn besiedelte Land. Ja, und dann fuhren wir in das 1919 zum 17. Nationalpark erklärte Gebiet des Grand Canyon ein. Das Ticket für 20 US$ pro besetztes Auto ist 7 Tage gültig.

Bis um 1540 bewohnten das Gebiet allein die Navajo-Indianer und erst am Ende des 19. Jh. wurde es als Sehenswürdigkeit erschlossen. Davor hatten im Laufe von 300 Jahren Missionare, Fallensteller, Forscher und Soldaten dazu beigetragen, dass die Indianer aus diesem Gebiet vertrieben wurden und heute nur in Reservaten anzutreffen sind. Es gibt eine Reihe von Indianer-Reservaten, wo die Stämme noch ihre Traditionen pflegen können. Diese Reservate sind oftmals das Ziel von Touristen und werden mitunter als „Attraktion" vermarktet.

Wer von uns hatte wohl vorher eine Vorstellung davon, was sich hinter dem Begriff „Canyon" verbirgt? Welch ein farbenprächtiges Bild bietet sich den Augen! Ein in seiner Schönheit schwer zu beschreibendes Panorama eines Naturphänomens. Ein zerklüftetes Felsenareal, das sich mit einer Länge von 360 km von Ost nach West und in einer Breite von 29 km hinzieht. Bis zu 1600 m tief hatten im Laufe von ungefähr 200 Mio. Jahren die Wassermassen des Coloradoflusses das Sandsteinplateau zerschnitten und diese gewaltigen Felsengebilde hinterlassen. Von oben betrachtet, nimmt sich der Strom nur noch wie ein Rinnsal aus, das sich durch die tiefen Schluchten windet. Er gilt aber auch heute noch als eine der wichtigsten Wasserstraßen im Westen der USA. Der Grand Canyon ist jedoch keineswegs ein totes Gesteinsgebilde, sondern ein in sich geschlossenes Naturgebiet mit über 220 Vogel-, 67 Säugetier- und 27 Reptilienarten, von denen wir am Rande dieses mächtigen Schlundes lediglich mal einen Raben, ein paar Eidechsen, ja, auch einmal einen Elch zu Gesicht bekamen. Von den Aussichtspunkten am Südrand des Canyons hatte man eine weithin freie Sicht. Beeindruckend der Blick auf die, z.T. bizarr geformten, mächtigen bis 2600 m hohen felsigen Berge und Hänge, in die finsteren Tiefen und auf die farbigen Gesteinsschichten, die dem Geologen viel von der erdgeschichtlichen Entwicklung verraten. Verstärkt werden diese Impressionen noch, wenn man zur Zeit des Sonnenauf- oder -untergangs von günstig gelegenen Punkten aus, zu denen man mittels Shuttlebus kostenlos gefahren wird, diese Vorgänge beobachtet. Man war versucht, einmal auf den Grund hinab zu steigen, um das uralte Gestein zu betreten. Dazu fehlte es uns aber an der Zeit und auch an der notwendigen Ausrüstung, vielleicht auch an Mut. Man hätte auch eine Tour mit dem Helikopter über den Canyon buchen können, was sich von den jährlich mehr als 5 Mio. Besuchern immerhin 160 000 Touristen leisten. Uns schien das 15minütige Erlebnis, den Geldbeutel betreffend, leider nicht angemessen.

Der Grand Canyon ist nur ein Beispiel für die gewaltige formende Kraft des Wassers. Auf der Rückfahrt bewunderten wir die „Red Rocks" bei Sedona, die wegen der prächtigen Rotfärbung ihres Gesteins berühmt sind. Es gäbe also noch vieles zu beschreiben, ohne dass es gelänge, alle Eindrücke wiederzugeben.

Westernmuseum

In Wickenburg, einer Stadt, die den Namen ihres Gründers trägt, vermittelte das 1960 gegründete Western-Museum einen Einblick in die Geschichte dieser Region, die ursprünglich von den Navajo-Indianern besiedelt war und nach Goldfunden zum Ziel der Goldgräber aus vielen Ländern wurde. Anfangs waren es die Mexikaner, die gegen die so genannten „Wilden" vorgingen. Die später bis in das vorige Jahrhundert angewendeten drakonischen Mittel zur Integrierung der Urbevölkerung, bei denen man die Kinder den Indianereltern wegnahm und sie in weit abgelegene Bundesstaaten brachte, wo sie über Jahre hinweg in speziellen Einrichtungen mit militärähnlichem Drill umerzogen wurden, so dass sie danach mit dem Leben ihres Stammes nicht mehr zurecht kamen, spiegeln sich in erschütternden Berichten wider. Dabei verdienten die Navajos unsere Bewunderung angesichts der mannigfaltigen Exponate, die von ihrem handwerklichen Können und Kunstverstand künden, angefangen von den buntfarbenen Webarbeiten bis hin zu eindrucksvollen Gemälden, die viel vom Leben und dem Überlebenskampf der Indianer aussagen. Sehenswert auch eine nachgestellte Straße mit Saloon, Postoffice, Barbierstube und Store zur Zeit des so genannten „Wilden Westens", sowie einer Wohnung mit Küche, Schlaf- und Familienraum im viktorianischen Stil, womit ein Bild von den Lebensbedingungen der Bevölkerung zur damaligen Zeit entstand und ein etwas nostalgischer Hauch herüberkam. Manchem von uns sprachen die Utensilien der Trapper und Cowboys, die Colts, besonders an. Die Amerikaner verstehen es, mit einer Vielzahl von Museen, ihre relativ junge Geschichte lebendig zu erhalten.

Kletterwand bei den Gastgebern in Preoria,
Phönix

Saguaro in Sun City

Grand Canyon, Arizona

Sedona, Arizona

Vor dem Western-Museum in Wickenburg, Arizona

Botanischer Garten

Dass eine Wüste nichts Lebloses darstellt, sondern eine eigene Flora und Fauna aufweist, erfuhr man beim Besuch eines Botanischen Gartens, der insbesondere der Flora einer Wüste gewidmet war. Der Artenreichtum von Kakteen, von winzigen am Boden liegenden bis zu denen mit Höhen bis zu 15 m, zum Teil mit herrlichen Blüten versehen, zog die Blicke an. Kleingetier wie Echsen, Käfer, Fledermäuse und Vögel, die ihre Brutstätten in den von Spechten in die Kakteen gebohrten Höhlen haben, auch seltene Schmetterlinge der Wüste wurden hier gezeigt. Wir hatten während unserer Reise noch andere thematisch gestaltete botanische Gärten besucht und fanden, dass diese stets großzügig und gepflegt waren.

Ja, auch diese Woche, die noch eine ganze Reihe Erlebnisse brachte, wie z.B. den Besuch des Heard-Museums, das einen umfassenden Einblick in die Natur des Landes vermittelt, ein Spaghetti-Essen im Spaghetti-Werk u.a.m., ging zu Ende und bei der Abschiedsparty konnte resümiert werden, dass wir wiederum viel Sehenswertes, zusammen mit unseren Gastgebern, gesehen und erlebt hatten. Amerika, als ein hoch entwickeltes Land, ist uns ein Stück näher gebracht worden. Aber, was für uns wichtiger war: Auch in Arizona schieden wir von neu gewonnenen Freunden.

Noch einmal Kalifornien

Die dritte Woche galt einem privatem Besuch von Freunden des FF-Clubs Sacramento, der 1999 in Merseburg zu Gast war. Es gab ein herzliches Wiedersehen mit Maria, deren Einladung wir gefolgt waren, mit Lynn, die uns durch San Francisco führte, mit Joe und Rose, die uns zu einem Dinner einluden und mit Erika, sie begleitete uns zum See Tahoe. Es ist ein besonderes Gefühl, irgendwo in der Welt ehemalige Gäste oder Gastgeber wieder zu treffen und Wiedersehensfreude zu empfinden. Mit Genugtuung konnten wir feststellen, dass unsere Freunde aus Sacramento ihren Aufenthalt in Merseburg in guter Erinnerung behalten hatten.

Folsom

In dieser kleineren Stadt, etwa 40 Minuten Fahrzeit von Sacramento entfernt, bewohnt Maria ihr geräumiges Haus, eines wie die Anderen vorher. In dieser Stadt gibt es aber auch noch ein anderes, ein zum Wohnen weniger attraktives Gebäude: Das Staatsgefängnis von Kalifornien. In einem kleinen Museum erfuhr man, dass es 1878 gebaut wurde und der erste Insasse, ein Chinese, am 1. Juli 1880 hier für längere Zeit Quartier in einer engen Zelle erhielt. Im gleichen Jahr gelang dort auch die erste Flucht, was die Verstärkung der Mauern veranlasste. 1924 ermordeten Gefangene den Chef des Gefängnisses, ungeachtet dessen, dass dieser sich für einen humaneren Strafvollzug eingesetzt hatte. Heute hat das Gefängnis 1700 Zellen, die mit 1958 Verurteilten belegt werden können. Wie man uns sagte, sind die meisten davon zu lebenslänglichem Aufenthalt verurteilt. Wie bekannt und vielfach verurteilt, wird in den USA nach wie vor die Todesstrafe verhängt. Doch in diesem Gefängnis gibt es keine Hinrichtungen. Diese werden in San Quentin´s Gaskammer vorgenommen. Hier aber hat man für die Gefangenen Einrichtungen für körperliche und geistige Betätigung geschaffen.
Angenehmeres lernten wir bei Ausflügen in die weitere Umgebung kennen. Es war immer weit zu fahren! So sahen wir uns z.B. eine große Lachszuchtanlage an, eine Hatchery-fac-

tory (wo die Lachsbrut wohl „gehätschelt"? wird) oder besuchten eine Winery, in der man erfuhr, dass Kalifornien auch ein Begriff für guten Wein ist, was die Weinprobe dann auch bestätigte.

Sacramento

Das klingt ja nun ganz nach dem Wilden Westen. Tatsächlich aber ist diese Stadt, die der Mittelpunkt in der Zeit des Goldrauschs vor 150 Jahren war, mit 1,5 Mio. Ew. die Haupt- und Regierungsstadt Kaliforniens. Nicht Los Angeles, die größte Metropole, und nicht San Francisco. Weitgehend Erhalten ist die sich am Sacramento-River hinziehende Altstadt, deren 53 historischen Gebäude viel vom Flair der damaligen Zeit ahnen lassen. Sie ist das Ziel von über 5 Mio. Besuchern jährlich, die allerdings nicht mehr mit dem legendären Pony-Express anreisen. Würden nicht Chevrolets, Cadillacs und Mercedes solch eine historische Kutsche überholen, man müsste meinen, die Zeit wäre stehen geblieben. Wer weiß, wessen Stiefel die ausgetretenen Bohlen vor den Stores, in denen so mancher Krimskrams aus alter Zeit angeboten wird, einst betreten haben und wer von dem nun verwaisten alten Bahnhof aus auf Reisen gegangen ist?
Gleich nebenan präsentiert eine interessante Ausstellung ebenfalls Vergangenheit: Das größte Railroad-Museum Nordamerikas. Hier steht man bewundernd vor den gewaltigen Dampflokomotiven aus dem 19. Jh. und kann auch in den Schlaf- oder Speisewagen der mächtigen komfortablen Pullmannwagen steigen. Ein Leckerbissen für Eisenbahnfans!
Natürlich ist Sacramento nicht nur auf die Altstadt beschränkt, sondern besitzt, wie andere Großstädte, eine lebhafte City (Downtown), die eine markante, weithin sichtbare Skyline abgibt.

San Francisco

Ein Tagesausflug dorthin, wobei eine längere Bahnfahrt die Verweilzeit leider einschränkte, brachte uns nur einen flüchtigen Eindruck. Die Geschichte der Stadt geht zurück auf eine von Spaniern und Franziskanermönchen 1776 gegründete Ortschaft und Mission. Erst ab 1848 nannte man den Ort San Francisco. Als dann Gold gefunden wurde, strömten ganze Horden von Goldgräbern von überall herbei und binnen kurzem hatte die Stadt 40 000 Ew. Sie erlebte später mehrere Rückschläge durch Erdbeben. Das vorerst letzte geschah 1989. 1906 wurden z.b. 28 000 Gebäude, d.h. 4/5 der, damals 500 000 Einwohner zählenden, Stadt zerstört. Im Vergleich mit anderen amerikanischen Großstädten ist San Francisco relativ klein, bietet aber als eine bekannt tolerante Stadt einige interessante Besonderheiten. So haben sich, wie berichtet wird, in der „Blumenkinder-Zeit" eine verhältnismäßig große Anzahl von Homosexuellen hier niedergelassen und jeder vierte der 750 000 Ew. (die gesamte Metropole umfasst mehr als 6 Mio. Ew.) stammt vom asiatischen Erdteil. Ja, der exotisch bunte Stadtteil „Chinatown" ist die größte chinesische Stadt außerhalb Asiens. Es war deshalb nicht schwer für uns, zum Lunch asiatische Küche zu probieren. Hochhäuser sind gemäß dem Stadtbauplan auf (nur!) 43 Stockwerke im Zentrum begrenzt. Das genügt aber, dass man sich in wahren Straßenschluchten erdrückt vorkommt. Lynn führte uns in Kunstgalerien, u.a. auch in eine mit modernen Werken einer deutschen Künstlerin. Nun ist (z.T. super-)moderne Kunst allerdings nicht jedermanns Sache, doch zumindest einer Diskussion wert.

Eher interessierte uns die 1937 für 35 Mio. Dollar erbaute Golden Gate Brücke, die eine Länge von 2789 m (einschließlich Auffahrten), eine Breite von 27,40 m und eine Höhe von

67 m über dem Wasser aufweist. Ihr orangefarbener Anstrich soll im Sonnenlicht wie Gold glänzen. Die Sonne tat uns den Gefallen leider nicht.

Schwer zu beschreiben sind die prächtigen Hotels. Es sind mitunter wahre Paläste. Und dann sieht man vor dem Eingang eines solchen Luxusbaus, neben einem Müllcontainer, eine in Lumpen gehüllte Gestalt schlafen. Einen größeren Gegensatz konnte es hier nicht geben. Doch das ist die andere Seite dieser Stadt, wie auch anderer Großstädte, dass man auf Menschen trifft, die, mit Schlafsäcken und Decken unter dem Arm, eine Schlafstelle für die Nacht suchen.

Ein Erlebnis mag noch erwähnt werden, weil es sich um eine Attraktion handelt, nämlich die Fahrt mit einem National-denkmal auf Rädern: dem Cable Car, einem urigen motorlosen Schienenfahrzeug, das durch unterirdisch verlaufende Stahlseile gezogen, gemütlich über einige der 43 Hügel von San Francisco rattert und von oben den Blick frei gibt auf die legendäre Gefängnisinsel „Alcatraz", dem früheren Hochsicherheitstrakt, in dem einst auch Al Capone saß.

Lake Tahoe

An der Grenze zu Nevada, nicht weit von der Stadt Reno, wo man Berichten nach schnell heiraten, aber auch schnell geschieden werden kann, erstreckt sich in 1900 m Höhe der größte alpine See der USA. Er ist rd. 35 km lang, 14 km breit und besitzt eine Tiefe von 550 m. Er wird von über 60 Zuflüssen gespeist, hat jedoch nur einen Abfluss. In seinem glasklaren Wasser spiegeln sich die schneebedeckten Berge ringsum, die dieses Gebiet für mehr als 5 Monate im Jahr zu einem internationalen Skiparadies machen. Die exklusiven Hotels mit ihren Casinos stehen jedoch auf dem Gebiet von Nevada, wo das Glücksspiel, im Gegensatz zu Kalifornien, erlaubt ist. Hier kann man in schummriger Atmosphäre an vielen Tischen und Automaten sein Geld riskieren (und meist verlieren).

Im 17. Stockwerk eines dieser Hotels nahmen wir in einem Büfett-Restaurant den Lunch ein. Ich erwähne das deshalb, weil sich uns wiederum ein Beispiel für den Überfluss bot. Als man sich am üppigen Mittagsbüfett gesättigt hatte, sah man, wie die größtenteils nur halb geleerten Schalen mit Fleisch, Fisch und diversen Salaten und Soßen einfach in einen großen Plastiksack entsorgt wurden. Erschreckend! Ob es wenigstens Schweinen zugute kam, blieb ungewiss.

Die Rückfahrt führte vorbei an von Waldbränden kahl gewordenen Hängen, vorbei auch an Holzhütten, an denen sich noch Reste von Schneewehen türmten. Interessant auch der Halt in einem altertümlichen Städtchen, das neben seinem Namen noch die Bezeichnung „Hangman's Town" trägt. Hier sollen sich früher viele Menschen erhängt haben bzw. sind dort erhängt worden. Am Giebel eines Hauses am Seil hängende Figuren versinnbildlichten diese Story.

Abschied

Alles hat einmal ein Ende. Im neuen Hause von Joe und Rose, sie hatten sich im September einen Platz in der Sun-City ausgesucht, und konnten im Januar das neu errichtete Heim beziehen, waren wir zu einem Dinner eingeladen und überzeugten uns von dem großzügig gestalteten Heim. Hier erlebten wir auch noch einmal die freundschaftliche Atmosphäre, die wir des Öfteren bei abendlichen Treffen verspürt hatten. Die amerikanischen Gastgeber waren sehr interessiert, etwas über Deutschland zu erfahren. Insbesondere hinsichtlich der deutschen Teilung bestand ein großer Bedarf, aber auch die Notwendigkeit für Informationen. Da spuken schon mal in den Köpfen wirre Vorstellungen vom Leben in der ehemaligen

Kakteen im botanischen Garten, Arizona

Hangman´s Town, Kalifornien

Alt Sacramento, Hauptstadt Kaliforniens

Lake Tahoe, Kalifornien

Joe's neues Haus, Sun City, Kalifornien

DDR. Umgekehrt hatten auch wir ein Bild vom „American Way of Life" erhalten, das nicht immer kritiklos zur Kenntnis genommen wurde. Wir hatten viel gesehen, erlebt, gehört – so viel, dass man es selbst mit einem lang geratenen Bericht nur bruchstückhaft und daher nicht umfassend darstellen konnte. Das gilt besonders für die erhaltenen Impressionen, die ja auch von jedem Teilnehmer einer Reise anders reflektiert werden. Fazit: 3 Wochen Amerika ermöglichten nur Streiflichter und waren dennoch ein unvergessliches Erlebnis.

Wo einst die Sac- und Fox-Indianer lebten

Diese Reise begann mit einer Panne. Als wir auf dem Flughafen von Des Moines, der Hauptstadt des Staates Iowa, angekommen waren, hielten wir vergeblich Ausschau nach jemandem, der uns, wie das bei solchen Reisen üblich war, empfing. Wir waren ratlos und beunruhigt. Doch nach einer Stunde Wartens erschien der erste Gastgeber, danach weitere. Was war geschehen? Die Gastgeber hatten eine falsche Ankunftszeit übermittelt bekommen. Ein Kommunikationsfehler! Doch dann ging es in rasanter Fahrt 120 km weiter nach Marshalltown, wo uns Elaine und Jerry, unsere Gastgeber, in ihr hübsches Haus einließen. Es war, wie die meisten Häuser hier, im Bungalowstil ohne Keller und höchstens zweistöckig gebaut. Die Häuser sind oft älteren Datums und deshalb, gemessen an unseren Immobilienpreisen, relativ billig zu erwerben. Man kauft ein Haus in Amerika in dem Zustand, wie es verlassen wird, mit allem fest eingebauten Einrichtungsmobiliar, den ausgelegten Teppichböden, den Gardinen und Vorhängen, den Lampen und Ventilatoren. Lediglich die Möbel werden beim Umzug mitgenommen bzw. mitgebracht und gestaltet dann um (oder auch nicht bis zum nächsten Hauswechsel, was bei den Amerikanern öfter geschieht.)

Marshalltown wurde erst Mitte des 19. Jahrhunderts auf dem den Sac- und Fox-Indianern abgehandelten(?) Gebiet gegründet und macht einen sauberen Eindruck. Die breiten Straßen verlaufen geradlinig und rechteckig. Nicht weit entfernt schlängelt sich ein Fluss an der mit 29000 Einwohnern doch recht kleinen Stadt vorbei. Marshalltown ist eine der Städte in den Staaten, in denen sich ein modernes Heim für Veteranen befindet. Hier werden behinderte Kriegsveteranen aufgenommen und, staatlich unterstützt, unentgeltlich unter dem Motto betreut: „Wir vergessen die Verteidiger der Union nicht!" Wir überzeugten uns von der Fürsorge und den mannigfachen Beschäftigungsmöglichkeiten in diesem, inmitten einer gepflegten Anlage gelegenen, Komplex und inspizierten u.a. auch die betriebsame, moderne Wäscherei.

Das Land lernten wir bei Fahrten mit den Gastgebern auf endlos lang erscheinenden, gut in Stand gehaltenen Straßen kennen. Neu und interessant für uns war, dass einzelne Straßenabschnitte in Patenschaft von verschiedenen öffentlichen Organisationen genommen worden waren.

Iowa ist vorwiegend landwirtschaftlich geprägt. Mais und Sojabohnen sind die Hauptprodukte und wichtiges Exportgut. Staunen ließen uns die, beladen mit diesen Produkten, minutenlang an uns vorbeirollenden Güterzüge mit einer Länge von 2-3 km. Auf einer Milchfarm mit etwa 1000 Kühen sahen wir zu, wie nacheinander jeweils 60 Kühe in einer großen Melkanlage gleichzeitig gemolken worden und bemerkten, dass diese Anlage auf einem ostdeutschen(?) Patent beruhte. Ebenso großzügig und modern präsentierte sich uns eine Schweinefarm, in der 5 mächtige Eber mit mehreren hundert Säuen für wimmelnden Nachwuchs sorgten (sorgen mussten!). Natürlich gehörten auch Pferde zu dem ländlichen Bild. Uns wurden einige sorgsam gepflegte Pferde – sie trugen teilweise Stoffschuhe an den Hufen – vorgeführt, die bei speziellen Shows zu Weltmeistern (World Champion Horses) gekürt worden waren. Die Feldarbeiten besorgten ja gewaltige Traktoren.

Doch auch in Bezug auf die Wissenschaft besitzt Iowa einen bemerkenswerten Ruf. In der Staatlichen Universität in Ames, dicht bei Des Moines gelegen, lernen Studenten aus aller Welt auf moderne Art mit dem Computer. Schließlich steht hier auch das Modell des ersten, hier entwickelten, Computers. Einen bedeutenden Zweig stellt die Gentechnik im Bereich Pflanzenzüchtungen dar. Unmittelbar an die Universität anschließend befindet sich das Iowa Staatscenter mit vier mächtigen Gebäuden. Wir betraten das Hilton-Coliseum, eine riesige Sporthalle mit 14500 Sitzplätzen und der fast 10 000 m² umfassenden Arena im Innern, aus der sowohl Sport- als auch Musikveranstaltungen ins Fernsehen übertragen werden. Dafür sorgt eine an der Decke angebrachte Beleuchtungs- und Aufnahmeapparatur im Wert von, wie man uns sagte, zwei Mio. Dollar.

Eine Fahrt nach Kalona, einem kleinen Ort etwa 100 km ostwärts von Marshalltown, vermittelte einen Hauch von Vergangenheit. Die, Ende des 17. Jahrhunderts aus der Schweiz und der Pfalz eingewanderten, Mennoniten haben diese Siedlung gegründet und seitdem an ihrer gewohnten, von der Bibel bestimmten alten Lebensweise beharrlich festgehalten. Modische Kleidung und Schmuck sind verpönt. Hier lebt man noch wie in alten Zeiten ohne Auto, Fernsehen und Telefon. Die Amish, wie sie von den Amerikanern genannt werden, bearbeiten ihr Land noch in alter Weise. An Stelle von Autos fahren Pferdekutschen. Doch öffnet sich der Ort als historische Attraktion dem Fremdenverkehr. Die streng nach der Bibel lebenden Bewohner, führen ein von der Außenwelt weitgehend abgeschlossenes Leben. Vor einem Fotografen verstecken sie sich und auf Schulbildung legen sie wenig Wert. Mehr der Zivilisation der modernen Welt angenähert haben sich dagegen die in Reservaten beheimateten Nachkommen der Ureinwohner Iowas, die Sac- und Fox-Indianer. In Tama besuchten wir die Meskwaki, eine Gruppe dieser Stämme, und erwarteten dort Zelte oder Wigwams zu sehen, fanden jedoch ein modernes Museum und eine Schule vor, in die die kleinen Indianer mit Bussen zum Lernen, u.a. der englischen Sprache, gebracht wurden.

Abwechslungs- und lehrreich sowie interessant waren die gewonnenen Eindrücke von diesem Land, die nur einen Teil all dessen darstellen, was in der Erinnerung bleiben wird.

Abwechslungsreich und unterhaltsam war auch das Zusammenleben mit den Gastgebern, die es an nichts fehlen ließen. Im Garten des Clubpräsidenten traf man sich zu einem Barbecue und ein Männerchor brachte zu Ehren der Gäste amerikanische Weisen zu Gehör. Einmal fuhren wir mit Elaine und Jerry auf eine Campingplatz, wo ihre Kinder und Enkelkinder das Wochenende verbrachten, und nahmen teil an Spaß, Spiel, Frösche fangen und am Grillen. So verband sich persönliches kennen Lernen mit dem kennen Lernen von Land und Leuten.

In Amerika ist alles größer und moderner, doch die Menschen sind wie wir

Eine Freundschaftsreise, die besonders reizvoll zu werden schien, wurde es in der Tat. Es ließ sich viel Interessantes von der Reise nach Long Island und Connecticut berichten und man würde schwerlich ein Ende finden. Beginnen wir also: Es war eine Gruppe von 20 Teilnehmern des Merseburger Vereins „The Friendship Force", die in Frankfurt/Main um 12.55 Uhr in eine Maschine der Delta-Airlines stieg und um 15.25 Uhr auf dem New Yorker J. F. Kennedy-Flughafen von den Gastgebern empfangen wurde. „Seid ihr etwa mit einer „Concord" oder einer Rakete geflogen, dass ihr nur 2 ½ Stunden unterwegs wart?", könnte man fragen. Doch muss noch die Bewältigung des Zeitunterschieds von 6 Stunden hinzugerechnet werden, dann kommt man auf eine ordentliche Flugzeit, die aber schließlich auch vergangen war.

Vom Flughafen ging es dann auf einem uns verwirrenden Straßengeflecht in flotter Fahrt nach Long Island. Diese (200 km lange und 3780 km^2 große) Insel erstreckt sich östlich von New York und ist durch gewaltige Brücken mit der Metropole verbunden. Sie ist eine Insel mit viel Grün und weist breite weiße Strände auf, so dass zu verstehen ist, wenn manche Orte zur Ferienzeit die doppelte Anzahl von Bewohnern beherbergen. Haben doch viele New Yorker ihr Haus für den Sommer auf dieses Eiland verlegt. Diese Häuser, wie auch die unserer Gastgeber, liegen meist abseits des gut ausgebauten Straßennetzes einzeln mitten im Wald und bieten großzügig Raum, so dass wir gut untergebracht waren.

Alle unsere Gastgeber waren durchweg freundliche Menschen, so auch Ben und Lottie, ein schon etwas älteres Ehepaar, die um unser Wohlbefinden sehr besorgt waren. Uns erwartete ein abwechslungsreiches Programm. Wir bestiegen einen Leuchtturm (192 Stufen!), informierten uns über die Aufgaben der Küstenwache und ließen uns am Strand von der Sonne bescheinen, denn wir hatten mit dem sommerlich warmen Wetter Glück.

Höhepunkt unseres Aufenthaltes auf Long Island waren jedoch zwei Fahrten nach New York, der mit über 7 ½ Mio. Einwohnern größten Stadt Amerikas. Rund 60 gewaltige Brücken verbinden die einzelnen Stadtteile. Am 11.09., in Erinnerung an den schrecklichen Terroranschlag, brachte uns ein „bulliger" Zug zu einem zentralen Bahnhof in New York City und die Metro in das Stadtzentrum nach Manhattan. Die gewaltigen Hochhäuser beeindruckten einerseits, andererseits bedrückten sie durch die Enge, die sie hervorriefen. Wir arbeiteten uns durch den Menschenstrom zwischen den Wolkenkratzern und dem lebhaften Verkehr durch und wandten uns der Stelle zu, wo zwei Jahre zuvor über 3000 Menschen bei dem schrecklichen Terroranschlag zu Tode kamen. Und noch tags zuvor hatte man dort Reste einer Leiche beim Abriss eines Gebäudeteils gefunden. Die Trümmer waren inzwischen beseitigt und in einer tiefen Baugrube wurde damit begonnen, ein neues Zentrum zu errichten. Überhaupt wurde in Manhattan viel gebaut und der Lärm von Baumaschinen mischte sich unter den Verkehrslärm.

Eine Bootsfahrt führte uns aber weg von diesem Lärm, vorbei an der weithin sichtbaren Freiheitsstatue, die mit ihrer Taillenweite von 11 m wohl kaum Vorbild für die Damenwelt sein dürfte. Sie ist ein Geschenk des französischen Volkes zum 100. Jahrestag der amerikanischen Unabhängigkeit. Vom Boot aus genossen wir den Blick auf die imposante Silhouette der Stadt. Noch beeindruckender war dann der Blick auf die Stadt vom Empire State Building aus, nachdem man in rasanter Fahrt das 87. Stockwerk erreicht hatte. Andere Sehenswürdigkeiten konnten nur im Vorbeigehen wahrgenommen werden, wie das Rockefellerzentrum, ein Komplex von Bürohäusern, Kinos und Restaurants, der täglich von mehr als 200 000 Menschen besucht wird. Dann noch der Central Park mit Spazierwegen, die insgesamt eine Länge 50 km ausmachen. Auch einen Blick in das Foyer der Metropolitan-Oper warfen wir. Hier überraschte uns das reichhaltige Programmangebot mit Wagneropern und Opern anderer deutschen Komponisten. Wie bei vielen Großstädten konnte man durch die Chinatown, das Chinesenviertel, wandeln, das über 1 Mio. Chinesen beherbergt. Hier nahmen wir Gelegenheit wahr, zu einem nicht enden wollenden Essen in einem malaiischen Restaurant. 7-10 verschiedene Gerichte unbekannter Art wurden nacheinander serviert und von den meisten versuchsweise mittels Stäbchen konsumiert.

Der folgende abendliche Gang durch den von grellbunten Reklamen beleuchteten Broadway schuf weitere Impressionen. In dem Gewimmel hatten wir Mühe zusammenzubleiben. Man hätte in New York etliche Tage zubringen mögen. Doch auch die Fahrten auf Long Island, z.b. zu einer Vinery, einem Weingut, mit ausgiebiger Verkostung sowie das Zusammensein bei Barbecues und gegenseitigen abendlichen Besuchen machten diese Reise unvergesslich. Trotz Schwierigkeiten in der sprachlichen Verständigung ergab sich stets eine herzliche Atmosphäre.

Es fiel deshalb sowohl uns als auch unseren Gastgebern die Trennung sichtlich schwer, als wir uns an einer Fähre verabschiedeten, die uns, in 1½stündiger Fahrt über das Meer, zu dem gegenüberliegenden Bundsstaat Connecticut brachte.

Im „Constitutions State"

Eine Woche verbrachten wir bei Betsy und Greg, unseren Gastgebern in Connecticut, einem landschaftlich reizvollen (zu 63 % bewaldet!) Staat. Connecticut ist der südlichste der 6 Staaten, die das, als Neuengland bezeichnete, Gebiet im Nordosten einnehmen. „Neuengland" deshalb, weil von hier aus die Besiedelung des amerikanischen Kontinent erfolgte und zwar nach der Anlandung der, 1620 von England kommenden, so genannten „Pilgerväter". Auf diese geht auch die amerikanische Tradition des „Thanksgiving"-Tages, eines Erntedankfestes, zurück, wie auch Connecticut dafür bekannt ist, dass es dort die erste geschriebene Verfassung gab. Auf Grund der vorwiegend englischen Besiedlung finden sich eine ganze Reihe englischer Ortsnamen wie Plymouth (der zweitältesten Siedlung in Amerika), Cambridge, Manchester, Windsor und andere. Auch deutsche Siedler machten sich (meist später) ansässig. Darauf weist z.B. der Ortsname Berlin hin. Eine ganze Reihe unserer Gastgeber kam auch mit der deutschen Sprache leidlich zurecht. Wir hörten oft, dass sie aus Deutschland stammende Groß- und Urgroßeltern hatten, so dass man scherzhaft sagen konnte: Die Amerikaner sind doch eigentlich Deutsche. Aber Menschen wie wir waren unsere Gastgeber auf jeden Fall.

Bei der Begrüßungsparty trat dann auch die Folkloregruppe eines deutschen Heimatvereins mit flotten Schuhplattler-Tänzen auf. Der Mayor der Stadt West Haven begrüßte unsere Gruppe mit warmen Worten. Ihm wurde eine Botschaft unseres Merseburger Oberbürgermeisters überreicht, auf die er inzwischen mit einem Antwortschreiben reagiert hat. Das Programm des South Connecticut Clubs sah zunächst die Besichtigung des ausgedehnten Areals der Yale-Universität in New Haven vor. Hier hatte u.a. der frühere amerikanische Präsident Clinton studiert und seine, ebenfalls dort studierende, Frau Hillary kennen gelernt. Die Yale-Universität ist die drittgrößte in den USA und nicht weit von ihr entfernt, in Boston, liegt die berühmte Harvard-Universität.

In der Hauptstadt Hartford hatten wir eine Führung durch den prächtigen Bau des Kapitols, und konnten schon einmal auf den Sesseln der Senatoren und Delegierten Platz nehmen. Kein Vergleich zu dem einst gepriesenen Palast der Republik der ehemaligen DDR. In Amerika ist eben alles viel größer und moderner.

Ein weiterer interessanter Anziehungspunkt war das Mark-Twain-Haus. Der durch seine Geschichten von Tom Sawyer und Huckleberry Finn auch bei uns bekannt gewordene Schriftsteller, hatte auch eigenwillige Ideen bei der Gestaltung dieses Hauses, z.B. ein verstecktes Telefon, verwirklicht. Noch eigenartiger war das Domizil des als Sherlock Holmes bekannt gewordenen Schauspielers Gilette (hat nichts mit den Rasierklingen zu tun!). Dieser hatte eine bizarre Burg bauen lassen, die aus mächtigen Steinquadern errichtet war. Die Ein-

Im Veteranen-Club in Marshalltown, Iowa

Froschfang

Freiheitsstatue, New York

Blick vom Empire State Building, New York

Begrüßungsparty in Connecticut

richtung war rustikal und selbst die Verriegelungen der Fenster und Türen waren aus Holz gefertigt. Und wie das so ist – gerade dann, wenn viel zu fotografieren war, gab die Batterie in der Kamera den Geist auf.

Weiter boten unsere Gastgeber uns noch eine interessante Bootsfahrt in ihrem Programm an, vorbei an 23 der Küste vorgelagerten Inselchen, auf denen zweifellos nicht Unbemittelte sich ein Haus errichtet hatten. Mehr Platz als für ein Haus aber boten die meisten dieser Inseln nicht.

Ja, und dann hatten wir noch die Gelegenheit an einem Volksfest mit Festumzug in Guilford (16 000 Ew.) teilzunehmen. Was in diesem Städtchen auf die Beine gebracht worden war, war erstaunenswert. Allein die Länge und Vielfalt des Festumzuges mit historischen und gegenwärtigen Themen beeindruckten. Da zogen Soldaten und Landsknechte in authentischen Uniformen mit klingendem Spiel an den dicht gedrängt stehenden Zuschauern vorbei, die verschiedenen Schulen der Stadt präsentierten sich in unterschiedlicher Weise und schließlich rollten auch die mächtigen, modernen Wagen der Feuerwehr vorüber. Auf der Festwiese dann konnte man sich eine Fahrt auf halsbrecherischen Karussells gönnen oder Darbietungen der Seiltänzer hoch über den Köpfen der zahlreichen Zuschauer bewundern. Gleichzeitig vermittelte die Festwiese einen Einblick in die landwirtschaftliche Vielfalt des Ortes. So harrten Schafe, Rinder, Enten und anderes Getier in großen Zelten geduldig aus, den neugierigen Blicken der vorbeiziehenden Besucher ausgesetzt. Pferde durften sich bei Vorführungen produzieren.

Einen Blick in die Vergangenheit gelang mit dem Besuch des Reservats der Pequot-Indianer. Ein Museum ließ uns durch die akribisch naturgetreuen Nachbildungen von Wohnstätten und Darstellungen von Jagdszenen aus der Indianerzeit diese nacherleben. Beeindruckend war die Lebensechtheit der dort aufgestellten Figuren.

Aus dem hier Dargelegten ist zweifellos ersichtlich, dass diese Reise für alle ein besonderes Erlebnis war, vor allem für diejenigen, die erstmalig an solch einer Reise teilgenommen hatten. Das Besondere ist ja dabei, dass sich auf Grund der privaten Kontakte eine aufgeschlossene und freundschaftliche Atmosphäre zwischen Gästen und Gastgebern ergibt. So vergingen die 7 Tage in schöner Harmonie sehr schnell und wie stets nach solchen Aufenthalten fiel der Abschied mit vielen guten Wünschen schwer. Viele bleibende Erinnerungen wurden mit nach Hause genommen und die vielen Fotos füllten die Alben.

Atlanta

Endlich bot sich uns die Möglichkeit die Zentrale unserer Organisation aufzusuchen. Einer Einladung des FF-Clubs Georgias folgend landeten wir in Atlanta (552 000 Ew.) und wurden von den Gastgebern der ersten Woche, einem älteren Ehepaar, empfangen. Chuk war ein ehemaliger Jagdflieger gewesen. Sie wohnten in einer Art Siedlung, deren Bewohner gerade ein geselliges Zusammensein vorbereit hatten, an dem wir als Gäste teilnahmen. Ein gut deutsch Sprechender entpuppte sich als Landsmann. Er stammte aus Bad Lauchstädt. Mit unseren Gastgebern besuchten wir den „Stone Mountain Park", wo in der steinernen Wand des weltweit größten und 300 Mio. alten Granitmonoliths die Reliefs vom Präsident Jefferson, General Lee und General Stonewall in einer Größe von 32 m Höhe und 67 m Breite zu sehen waren. In diesem Park verkehrte auch ein Riverboat, das wir zu einer kurzen Fahrt nutzten, die schöne Gegend genießend. Dann kamen wir zum weitläufigen Anwesen unserer ehemaligen Gäste, die nun unsere weitere Betreuung übernahmen. Schon am nächsten Tag erfolgte eine Fahrt nach Atlanta, der Hauptstadt Georgias. Wir besuchten das Cyclorama, in dem auf einem 123 m langen Panoramagemälde die Bürgerkriegsschlacht von Atlanta, aus dem Jahre 1864, in einem 360° Erlebnisbild dargestellt ist. Weiter ging es zum Nachrichtensender CCN. Hier erhielten wir Erläuterungen zur Erfassung von Nachrichten bis zu deren Sendung. Doch Atlanta hat noch mehr zu bieten. Als ehemalige Olympiastadt ist der zentrale Olympic Park zu erwähnen, in dem eine von Musik gesteuerte Fontäne die Aufmerksamkeit der Besucher erweckt. Nicht weit von diesem Park befindet sich ein Aquarium, in dem man stundenlang verweilen möchte.

Besonders interessant war für uns der Besuch der „World of Coca Cola". Hier erfuhren wir alles aus der Geschichte und Gegenwart von Coca Cola und konnten in der Probierzone Coca Cola Produkte aus aller Welt kosten.

Wir ließen es uns auch nicht nehmen, der Zentrale von „The Friendship Force" einen Kurzbesuch abzustatten. Groß war die Freude auf beiden Seiten und schnell wurde ein Foto mit dem Präsidenten Georg Brown geschossen.

Im Carrollton Cultural Arts Center wurden wir von den Mitgliedern des Clubs von West Georgia freundlich empfangen, bevor am Abend die Abschiedsparty in einem Wochenendhaus eines Clubmitglieds stattfand.

San Antonio

In der zweiten Woche ging es nach San Antonio (1 256 000 Ew.), der siebtgrößten Stadt der USA. Wir hatten wieder Glück, denn unsere Gastgeberin war eine Deutsche. Wir besuchten im Nationalhistorischem Park die San Antonio Mission, die Anfang des 18. Jahrhunderts von den Franziskanern gegründet wurde. In der dortigen Kirche nahmen wir sogar an einem Gottesdienst teil, der, zu unserem Erstaunen, mit Mariachi-Musik unterlegt war.

Eine andere Mission, Mission Alamo, interessierte uns ebenfalls, die von einer Handvoll Verteidiger gegen die mexikanische Armee heldenhaft gehalten wurde. Missionen dienten als Schutz gegen die Überfälle der Komantschen und Apachen.

Der Clou Antoniòs ist zweifellos eine Bootsfahrt, quer durch die Stadt, auf dem San Antonio River, vorbei an Restaurants und Cafes, vorbei auch am Aztekentheater, einem Kino.

Weiter besuchten wir das UTSA's Institut für texanische Kultur und erhielten Kenntnisse über die Lebensweise der Indianer. Ein Ausflug führte uns in das historische „Gruene" in dem die älteste Tanzhalle Texas noch erhalten ist. Auf der „Rio Cibolo Ranch" erlebten wir ein bisschen Texas hautnah mit Barbecue und typischen texanischen Tänzen.

Nicht vergessen werden soll der Besuch in der Schuhfabrik „SAS", wo der Autor sich neue Schuhe kaufte, die auf Anhieb passten und die er heute noch am liebsten anzieht.

Erwähnenswert ist auch der Besuch im „Toilt Seat Art Museum" in dem wir Toilettendeckel mit den verschiedenste Motiven sahen.

Bei unserer Farwell-Party hatten wir echte Apachen als Gäste, die uns mit ihren Tänzen vertraut machten.

Traumland Kanada

War dieses Land früher ein bevorzugtes Auswandererland, so wird es heute mehr und mehr zu einem beliebten Reiseland. Wälder, Seen, Felsen, Flüsse und Wasserfälle sowie der berühmte Indian-Summer machen dieses Land zu einem Anziehungspunkt für Touristen. Denise und Jaques waren unsere Gastgeber. Die Namen lassen schon erkennen, dass man hier französisch sprach. Denise, eine temperamentvolle, sehr lebhafte Frau, konnte sich aber gut auf Englisch verständigen.

Wir wohnten in ihrem hübschen Haus in St. Raymond, 20 km von Quebec, der Hauptstadt der gleichnamigen Provinz, entfernt. Das Gebiet um Quebec war vor fast 400 Jahren von französischen Kolonisten in Besitz genommen worden. Obwohl 1779 die Engländer in einer nur 20minütigen (!!) kriegerischen Auseinandersetzung dieses „Neufrankreich" zur britischen Kronkolonie gemacht hatten, halten die Nachfolger der französischen Siedler mit Zähigkeit bis heute an ihrer Sprache und an ihrem Brauchtum fest und geben sich zuweilen französischer als die Franzosen selbst. Immer wieder gab und gibt es Autonomiebestrebungen dieser größten kanadischen Provinz, doch haben wohl wirtschaftliche Überlegungen eine Abspaltung verhindert.

Will man Kanada kennen lernen, muss man zunächst die Dimensionen dieses zweitgrößten Landes der Erde zur Kenntnis nehmen. Die 10 Mio. km² (davon 4/5 fast unbewohnt) erstrecken sich von Ost nach West über 6 Zeitzonen. Allein auf dem Territorium der Provinz Quebec hätte die Bundesrepublik 4 x Platz. Man ist oft geneigt, Kanada für ein kaltes Land zu halten. Das mag vielleicht auf den z.T. felsigen Norden zutreffen und sicherlich auf den Ende September beginnenden Winter, der sich mit großer Kälte und gewaltigen Schneemassen bis April hinzieht. Fotografien unserer Gastgeber zeigten, wie ihr Haus ringsum so hoch eingeschneit war, dass nur noch ein 10 cm breiter Spalt am Fenster einen Durchblick erlaubte. Nichts Ungewöhnliches für den kanadischen Winter. Wir aber genossen den heißen Sommer und bei prächtigem Wetter die Schönheit der Landschaft. Aber auch Interessantes über das Land nahmen wir wahr. So besuchten wir z.B. eine moderne Käserei (Fromagerie) und erhielten Einblick in die Herstellung von 40 Käsespezialitäten. Anderntags ging es in ein Sägewerk, wo wir die Be- und Verarbeitung klobiger Baumstämme unmittelbar an den Laufbändern verfolgen konnten. Holz ist ja bekanntlich der Reichtum Kanadas. Am Ende warteten schmale Leisten und dünne Bretter auf den Versand in die weite Welt. Im Nachhinein konnte einem allerdings angst und bange werden bei der Feststellung, dass wir ohne Schutzhelm auf rutschigen Bohlen unter den Bändern (bei laufenden Maschinen) hindurchbalanciert sind. Sicherheit aus kanadischer Sicht?

Käse – ja, doch woher kommt die Milch dafür? Wir bestaunten schwarzbunte Kühe mit gewaltigen Eutern. Sie sollen 10 000 l Milch pro Jahr liefern. Das war also der Einblick in die Hauptzweige der kanadischen Wirtschaft. Einem speziellen Nebenerwerb diente eine Zuchtfarm für Wapiti-Hirsche, die aber nicht für die freie Wildbahn gezüchtet wurden, sondern für Zoos und Tiergärten. Ein weiterer Exportartikel Kanadas ist Granitgestein. Einen Steinbruch haben wir zwar aufgesucht, doch den Eintritt in das Granitsägewerk verwehrte man uns aus Sicherheitsgründen! Ein Stückchen des glatten Gesteins hatte wohl jeder als Erinnerung in die Tasche gesteckt. Weicheres Material, wie z.B. Keramikgeschirr, war hingegen ein Importartikel aus Taiwan und China. Gewissermaßen am Rande und doch interessant waren eine Vorführung, wie aus geerntetem Flachs ein handgewebtes Tuch wird, und der Besuch eines Bienenmuseums, bevor man uns in ein Lokal führte, wo man für einen billigen Pauschalpreis vom Büffet essen konnte so viel man wollte (bzw. konnte!)

Was die Naturschönheiten anbetrifft, so beeindruckten besonders die St. Anne-Wasserfälle, die über Jahrmillionen hinweg eine breite Schlucht in die Granitfelsen geschnitten haben. Hier stürzen bei Schneeschmelze 100 000 l/sec (im Sommer „nur" 10 000 l/sec) 74 m in die Tiefe und verursachen jährlich einen Abrieb an den Granitblöcken von etwa 1 mm. Angenehm auch, dass die natürliche Umgebung, der üppige Wald, in ihrem Zustand gut erhalten wurde, obwohl es sich um ein gut besuchtes Touristenziel handelt (über 100 000 Besucher im Jahr). Wir standen bewundernd vor dem Montmorency-Wasserfall, der zwar, was die Breite anbelangt, nicht mit den bekannteren Niagarafällen konkurrieren kann, jedoch mit seiner Falltiefe von 80 m unbedingt. Ja, und da war auch noch die Stadt Quebec (600 000 EW.) Vom 30. Stock des „Observatory"-Gebäudes hatten wir einen weiten Blick über die Stadt, über einstige Festungswälle und die Hochhäuser hinweg bis in der Ferne zum mächtigen St. Lorenz-Strom. Zum älteren Teil der Stadt musste man hinuntersteigen und fand dort nicht nur die alte gepflasterte Champlain-Street, die älteste Straße Nordamerika, sondern enge Gassen mit Krimskrams-Läden vor. Verblüfft waren wir über einen Blick in die Altstadt. Dabei handelte es sich lediglich um ein Gemälde an einer Hauswand. Doch täuschend echt! Wer dem Altstadttrubel entgehen wollte, hatte Gelegenheit, einen Blick in das, zu einem vornehmen Hotel umgestaltete, hoch über der Stadt thronende, Schloss zu werfen oder auf der Strandpromenade zu bummeln, vor sich die Lebensader dieser Region, den St, Lorenz-Strom. Dieser glich eher einem Meere, so weit dehnte er sich zum Horizont. Inmitten dieses gewaltigen Stromes befindet sich die 30 km lange Insel „Ile d'Orleans", zu der eine stählerne Brücke führt. Im Winter ist diese oft nicht vonnöten, weil der Strom meist zugefroren ist. Wir fuhren über diese Brücke und suchten dort ein rustikales Lokal zum Abendessen auf. Als Besonderheit boten uns die Wirtsleute Honig an, den sie aus Ahornsaft gewannen. Der Honig schmeckte wunderbar, so dass man eine Probe mit nach Hause nahm.

In dem kleinen Ort St. Anna, wo uns ein quirliger und launiger Mayor (Bürgermeister) mit einem Imbiss bewirtete, steht die 1923 errichtete St. Anne-Basilika, zu der jährlich 100 000 Pilger wallfahrten, Wunder erhoffend. In der Kirche aufgestapelte alte Krücken sollen bisherige Wunderheilungen bezeugen. Glauben muss man! Geselligkeit war eine hervorstechende Seite unseres Aufenthaltes. Bei der Abschiedsparty fand man sich, in einem am See gelegenen Versammlungshaus einer Brüdergemeinde, zu einem Tänzchen zusammen, d.h. „Tänzchen" ist untertrieben. Eine Band spielte zu „Quebecer Tänzen" auf, deren Schrittfolgen und Figuren uns trotz Anleitung den Schweiß auf die Stirn trieben. Man konnte nicht sagen: Die Kanadier bzw. Quebecer hätten kein Temperament. So schieden wir schließlich auch hier von liebenswerten Gastgebern.

Riverboat im Stone Mountain-Park, Georgia

Mission Alamo, San Antonio, Texas

Gemälde an einer Hauswand in Quebec

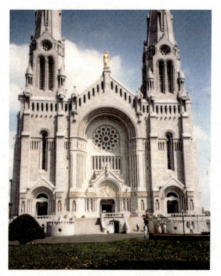

St. Anne-Basilika in St. Anne, Quebec

LATEINAMERIKA

Mexiko

Vor dieser Reise gab es große Bedenken, denn die Berichte in den Medien über gewaltige Regengüsse und Flutkatastrophen dort, waren noch in frischer Erinnerung. Und tatsächlich empfing uns in Mexiko-City ein mächtiger Regenguss, der in kurzer Zeit die Straße nach Puebla, unserem Zielort, zu einem Fluss werden ließ. Mexiko, das im Atlas so klein erscheinende Land, ist mit fast 2 Mio. km² flächenmäßig 6mal größer als die Bundesrepublik und umfasste früher einmal die Territorien Kaliforniens und Texas. Von den 91 Mio. Einwohnern sollen allein in Mexiko City 20 Mio. leben. Die Bevölkerung besteht zum größten Teil aus Mestizen, den Nachfahren der Vermischung von Indianern und Spaniern. Sie sind meist dunkelhäutig, schwarzhaarig, braunäugig und von kleinerer Statur, was besonders bei Frauen und Mädchen recht anziehend wirkt. Geblieben aus der Vergangenheit ist die spanische Sprache, die uns einige Schwierigkeiten bereitete.

Puebla

Bei der für uns vorgesehenen Gastgeberin, einer Zahnarztwitwe, waren noch die Handwerker im Gange. So präsentierte sich unser Schlafraum zunächst als ein frisch getünchtes und leeres Zimmer. Das war am Vormittag, doch am Abend fanden wir ein vollkommen eingerichtetes Schlafzimmer vor. Puebla, die 1531 gegründete Hauptstadt des Staates Puebla, ist eine Stadt mit 1,5 Mio. (anderen Angaben zufolge mit 2 Mio.) Einwohnern. Die Erfassung der Einwohnerzahl erfolgte, wie man uns erklärte, durch direkte Zählung von Haus zu Haus.

Die Stadt liegt in einem landschaftlich vielfältig gestalteten Gebiet mit Bergen, Tälern, wüstenähnlichen Flächen und Vulkanen. Von Ferne grüßt der Popocatepetl (5451 m) mit einer dünnen Rauchfahne. Gelegentlich geht auch ein Ascheregen von ihm nieder. Die Höhenlage von 2100 m verursachte beim flotten Gehen oder beim Treppensteigen schon manchmal Atembeschwerden.

Puebla wurde von der UNESCO als typisches Bild südamerikanischer Städte, mit den noch erkennbaren indianischen und spanischen Stilelementen, zum Kulturerbe erklärt. Bürgerhäuser mit gekachelten Fassaden, etwas für Puebla Typisches, beleben das Stadtbild. Aber auch Risse im Mauerwerk und beschädigte Kirchtürme sind fast typisch. Sie weisen auf das letzte Erdbeben hin. 27mal wurden die Mexikaner allein im Monat Oktober mit Erdstößen konfrontiert, wobei solche unter der Scala 4 überhaupt nicht öffentlich zur Kenntnis genommen werden.

Nicht zum kulturellen Erbe gehören die sich in das Stadtbild drängenden und in die Höhe strebenden Geschäftshäuser und Bankgebäude, die, nach der Abkehr Mexikos von sozialistischen Ideen, der kapitalistischen Marktwirtschaft zuzuordnen sind. Das große amerikanische Kaufhauscenter wie auch die von der „besseren" (reichen) Gesellschaft bewohnten Stadtteile werden stets gut bewacht. Selten haben wir so viel Polizei und Wachpersonal, martialisch mit MPi's, Gewehren und Knüppeln ausgestattet, gesehen wie in den großen Städten Mexikos. Geschützter Wohlstand auf der einen, schutzlose Armut auf der anderen Seite.

Auf Wohlstand trafen wir bei einer Einladung zu einer Party in einem Penthouse. Hier bewohnte ein junges Paar eine Wohnung mit 1000 m² (!!) Wohnfläche im 19. Stockwerk. Ein Blick von hier aus führte uns den schroffen Gegensatz zwischen den protzigen Bauten im Zentrum und den dürftigen Wohnstätten in der Peripherie deutlich vor Augen. Andererseits konnte wir uns der Bewunderung der Pracht und des Reichtums in vielen Kirchen, der fast ausschließlich katholischen Bevölkerung, nicht entziehen und waren gleichzeitig schockiert davon. Bedrückend, wenn sich einem an der Kirchentür um Almosen bittende Hände entgegenstreckten. Diese und die vor den Geschäften bettelnden Menschen, gehören leider zu dem Bild, das man von Mexiko erhält. Dazu Kinder, die irgendwelchen Krimskrams zum Kauf anbieten, Prospekte verteilen oder die Frontscheiben der Autos putzen. Sie legen Zeugnis ab, von der im Lande herrschenden Armut. Dennoch: Es gibt offiziell nur wenig Arbeitslose infolge der Jobs als Schuhputzer, Parkplatzwächter und Einweiser sowie Zeitungsverkäufer. Es gibt, so sagte man uns, keine staatliche Arbeitslosenunterstützung und keine Altersversorgung. Wer nicht mehr arbeiten kann oder keine Arbeit hat, muss von der Familie versorgt werden. Da hilft nur wenig der Verkauf von Tortillas, flachen eierkuchenähnlichen und auf primitiven Blechöfen gebackenen Maisfladen, auf den Straßen.

Was uns hinsichtlich des lebhaften Verkehrs auffiel, war, dass die Straßen in Puebla die Stadt meist in Quadrate teilen und als Einbahnstraßen ausgelegt sind. Gewöhnungsbedürftig für Autofahrer dürften die Ampeln sein, die nicht vor einer Kreuzung, sondern auf der Gegenseite angeordnet sind.

Apropos – Autos! Wir hatten Gelegenheit, das 1964 bei Puebla erbaute Volkswagenwerk zu besichtigen. In dem 600 000 m² umfassenden Produktionsbereich, in dem täglich etwa 170 „Käfer", 600 New Beetle, 720 Jetta-Karosserien und 2500 Motoren produziert werden, finden 16 000 Menschen Arbeit. Beeindruckend waren der hohe Grad der Automatisierung, die Großzügigkeit und Sauberkeit der Werkanlagen und die sozialen Einrichtungen sowie auch die modernen Sprach- und Ausbildungszentren.

Wir interessierten uns vor allem vordergründig dafür, wie man in Mexiko wohnt und lebt. Unsere Gastgeber bewohnten meistenteils ein Haus mit mehreren, oft nur sparsam möblierten, Räumen. Mit Verwunderung hatten wir auf den Dächern montierte Wassertanks wahrgenommen. Da es allgemein an einer zentralen Wasserleitung mangelt, bezieht man das Wasser mittels Tankwagen und pumpt es in die Behälter auf dem Dach. Trinken sollte man dieses Wasser jedoch besser nicht, sondern man kauft das (nicht teure) Trinkwasser in Flaschen. Zum Waschen und Duschen ist das angewärmte Wasser aber gut geeignet.

Irritierend für uns war der großzügige Umgang der Mexikaner mit der Zeit. Da gab es das Frühstück mal um 9 Uhr, mal um 11 Uhr. Eine Mahlzeit zu Mittag oder ein Lunch ergaben sich irgendwann am Nachmittag. Die „laxe" Auffassung der Mexikaner zum Thema Pünktlichkeit zeigte sich bei Treffpunkten. War ein Treffen um 9 Uhr angesetzt, konnte man getrost erst um 9.15 Uhr von daheim starten, und wäre immer noch nicht zu spät gekommen.

Und was gab es zu essen? Natürlich „Tamal", das in Bananenblätter eingewickelte mexikanische Nationalgericht, eine Maispastete, sonntags meist mit heißer Schokolade serviert. Zu jeder Mahlzeit gehörten Tortillas. Man belegte sie mit Fleisch, vor allem mit „Chicken" oder mit Gemüse und würzte sie scharf mit Salsa, einem Chiligewürz. Angeboten wurde auch „Enchilada", mit Ei und Käse gefüllte Fladen. Auch die braunen Bohnen, zuweilen zu einem schwarzen Brei verarbeitet, fehlten selten. Eine Menge exotischer Früchte, u.a. Melonen, Avocados, Bananen und Kiwifrüchte, gehörten auf den Tisch. Getrunken wurden meist Säfte, doch – wohl eher uns zu Ehren – auch Kaffee, der jedoch mehr dem „Bliemchengaffee" der Sachsen ähnelte. Auf dem Tisch fanden sich stets auch Maisbrot und recht süßes Gebäck. Die Vielseitigkeit der mexikanischen Küche hat einen weltweit guten Ruf, was von uns, bei aller Unterschiedlichkeit zu dem bei uns Gewohnten, bestätigt werden konnte. All das in der Stadt Gesehene lässt sich in Kürze nicht beschreiben. Stellvertretend soll das Museum Santa Monica, ein ehemaliges Frauenkloster, genannt werden, das von der Straße her kaum als solches auszumachen war. Doch nach Betreten des Innenhofes hatte man den ganzen Komplex vor Augen. Dieses Kloster war einst so etwas wie ein illegales Frauengefängnis, wohin, wie es hieß, manche Ehemänner ihre Frauen brachten, sei es, weil sie sich auf Reisen oder auf den Kriegspfad begaben und sie sich ihrer Frauen nicht sicher waren oder weil sie diese ganz einfach loswerden wollten. Dieses „Kloster" blieb 77 Jahre unentdeckt, bis es jemandem auffiel, dass für die angeblich 8 Bewohner sehr viel Essen und Kleidung in das Gebäude geliefert wurde. Daraufhin konnten die Frauen befreit werden. Wir besichtigten die rustikale Küche und die kahlen Unterkünfte und machten uns unsre eigenen Vorstellungen von dieser Geschichte. Ein weiterer Museumsbesuch fiel dann leider aus. Dieser Umstand entpuppte sich aber tatsächlich als Glücksumstand, denn wir erlebten, gewissermaßen als „Zaungäste", ein farbenprächtiges, temperamentvolles Programm mit mexikanischen Tänzen. Eines der oftmals zustande kommenden Zufallserlebnisse!

Mexiko-City

Zu unserem Aufenthalt in Puebla gehörte natürlich auch ein Tagesausflug nach Mexiko-City, der Hauptstadt dieses reizvollen Landes. Ein Tag für den Besuch dieser riesigen, ständig wachsenden Stadt mit ihren 20 Mio. Einwohnern und einer Fläche von 2600 km² ist auf alle Fälle zu wenig, um all das Sehenswerte dieser Stadt aufzunehmen und Eindrücke mitzunehmen. Beeindruckend der rege, oft chaotisch anmutende Verkehr. Es blieb deshalb nur der Gang in (wieder ein Museum) das berühmte, reich ausgestattete Nationalmuseum. Hier wurde uns ein tiefer Einblick in die mexikanische Geschichte vermittelt, die zwar zeitlich überschaubar ist, doch auch noch viel Unentdecktes und Unerklärliches enthält, wie das die Besichtigung einer Ausgrabungsstätte bei Cholula bewusst machte. Wir fanden hier die flächenmäßig größte Pyramide der Welt vor, die im Laufe der Zeit von verschiedenen Völkerschaften siebenmal überbaut worden war.

Ein Muss beim Besuch der Hauptstadt der Republik Mexiko stellt das Betrachten der riesigen Fresken von Diego Rivera, Mexikos berühmten Maler, an den Wänden im Nationalpalast, unter dem Titel „Mexiko im Laufe der Jahrhunderte", dar. Gegenwärtiges lässt sich an der sich zur Seite neigenden Kathedrale ablesen, nämlich, dass Mexiko-City arg unter dem Erdbeben im Jahre 1985 gelitten hat. Noch waren nicht alle Wunden verheilt.

Altotonga

Auf der Fahrt nach Altotonga, einem weiteren Ziel unserer Reise, wurden wir mit den Auswirkungen der vorangegangenen Flutkatastrophe konfrontiert. Überflutete Felder, tiefe vom Regen ausgewaschene Löcher und Rinnen in den Straßen, abgerutschte Hänge und noch im Wasser stehende Hütten ließen das Ausmaß der Verwüstungen ahnen. Unser Quartier, wie alle Zimmer im Hause von Maria Baltazar, war noch „klamm" von den feuchten Wochen, doch Sonne und Lüftung behoben das bald. Für eine freundschaftliche Atmosphäre sorgten sowohl der Bürgermeister mit launiger Begrüßung und Übergabe eines kleinen Geschenks an jeden von uns, und die ungezwungene Geselligkeit der Gastgeber. Zweifellos feiern die Menschen von Altotonga gern, was sich besonders bei der Abschiedsparty zeigte. Es herrschte eine tolle Stimmung, was nicht nur auf den reichlich angebotenen Tequila, einen Agavenschnaps, den man mit einem Ritual (Salz und Zitrone) einnahm und die flotte Mariachi-Musik zurückzuführen war. Der Mariachi-Musik (Violinen, Gitarren, Trompeten und kräftige Männerstimmen) begegneten wir auch spätabends auf dem Zogalo, dem parkähnlich gestalteten Markplatz, meist zwischen Kirche oder Kathedrale und dem Rathaus gelegen. Hier vergnügen sich die Mexikaner mit Kind und Kegel bis spät in die Nacht hinein. Wir erlebten einmal einen kirchlichen Feiertag und konnten kaum begreifen, dass vom Mittag bis in die Nacht vor der Kathedrale lange Schlangen von Gläubigen standen, die drinnen vor dem Standbild eines „Heiligen" gesegnet werden wollten. Derweilen tanzten übergroße (3 m hohe) Puppen unablässig vor dem Kirchenportal und das zahlreiche Volk ließ Luftballons aufsteigen, flanierte auf dem Zogalo oder setzte sich in eine der zahlreichen Kaffeestuben. Und da waren sie wieder, die Mariachi-Musiker. Von Lokal zu Lokal ziehend, ließen sie typisch mexikanische Weisen erklingen. Bunt wie das Nachtleben, war auch das Markttreiben am Tage. Die mexikanischen Märkte, ob es Floh- oder Keramikmärkte, Volkskunst- oder Bauernmärkte sind, sind, ihrer Buntheit wegen, stets eine Anziehung für Touristen. Was wird auch alles angeboten! Von Fliegen umschwirrtes Fleisch, Tortillas, Süßigkeiten und vor allem Früchte, ja, sogar ein Schwein wurde an der Leine zum Markt geführt.

Außer der Kirche hatte Altotonga keine besondere Sehenswürdigkeit zu bieten. Doch einiges vom Brauchtum konnten wir erfassen. So erhielt ein in Weiß gekleidetes Mädchen zum 15. Geburtstag eine besondere Weihe, eine Sitte, die auch schon beim 3. Geburtstag üblich ist. Überhaupt: Sitten. Den Totensonntag feiert man in Mexiko direkt auf dem Friedhof mit Tanz und Fröhlichkeit und kleine gezuckerte Totenköpfe werden als eine beliebte Süßigkeit angeboten. Mexikanische Mentalität! Wir besuchten in dem Städtchen zwei Nähereien. Da ratterten in großen Räumen die z.T. noch alten Singer-Nähmaschinen und 40-50 Näherinnen waren damit beschäftigt, amerikanische Stoffe zu den gewünschten Textilien zu verarbeiten. Spontan wurden wir vom Geschäftsinhaber zu einem Imbiss in seine Privaträume eingeladen. Unkomplizierte Gastfreundschaft! Bei einem Blick in die örtliche Schule umringten uns fröhliche braunhäutige Jungen und Mädchen, ehe sie sich wieder auf Schulbänke niederließen, Bänke, wie sie bei uns zu Großmutters Zeiten üblich waren. Busfahrten brachten uns zu interessanten, historischen Plätzen in der näheren Umgebung. Bei Veracruz standen wir an jener Stelle, wo vor 480 Jahren der spanische Eroberer Hernan Cortez an Land gegangen war, den Aztekenherrscher Montezuma gefangen nahm und danach die Azteken unterwarf. Auch dessen damalige Wohnstätte, ein zwar im europäischen Stil erbautes, doch nun arg zerfallenes Haus ließ sich noch besichtigen, ebenso wie das ungleich prächtigere, historisch eingerichtete Anwesen des früheren mexikanischen Generals Santana. Für „Spezialisten" war das Seefahrtsmuseum von besonderem Interesse und in einem groß dimensionierten Aquarium konnte man den Haien, allerdings durch eine dicke Scheibe getrennt, direkt in die Augen blicken.

Da es ein heißer Tag war, sprang man kurz einmal zu einem erfrischenden Bad in den Ozean, was allerdings nicht ungefährlich war. Nicht etwa wegen der Wellen oder der Haie, sondern der Tatsache wegen, kein Badezeug mitgenommen zu haben. Mit „gänzlich entblößtem" Körper kann man sich in Mexiko Unmut bzw. sogar Strafen zuziehen. Ob's stimmt?

Yucatan Halbinsel

Ein ganz besonderes Erlebnis stand uns aber noch bevor: Die Fahrt auf die Halbinsel Yucatan, in das Land der Maya. Die Maya prägten bestimmte Perioden der mexikanischen Geschichte (500 v. Chr. bis 325 n. Chr.: Gestaltungsperiode, bis 925 n.

Chr.: klassische Periode) und hinterließen gewaltige Bauwerke (Pyramiden), die das Ziel vieler Touristen sind. Auf einem Teilabschnitt der 25 752 km langen Panamerikanischen Straße, die von Alaska bis nach Feuerland führt, gelangten wir rasch in das von Legenden umwobene Gebiet. Dann konnten wir die Pyramiden von Uxmal bestaunen. Wer wollte, bestieg die 45 m hohe Pyramide des Zauberers, steil aufragend und deshalb nicht ungefährlich. Uxmal wie auch Chichen Itza, das wir auch besuchten, ist eine der bedeutendsten archäologischen Zonen der Halbinsel. Etliche der klassischen Gebäude sind rekonstruiert worden, um einen Eindruck von der Blütezeit der Mayakultur zu vermitteln. Es ist nicht das Anliegen eines Reiseberichtes die umfangreiche Entwicklung und Geschichte der von den Mayas besiedelten Region darzulegen. Nützlich und anregend waren die, beim Besuch der einzelnen Kultstätten (wie Palenque, Oaxaca, Kabah u.a.) und ehemaligen Städte, erhaltenen Erklärungen, die uns die ausgeprägten, kulturellen und technischen Leistungen der Maya verdeutlichten. Es ist erstaunlich, wie die Mayas astronomische Forschungen betrieben, was sich auch an dem eindrucksvollsten Monument, der Pyramide Kukulkans in Chichen Itza erkennen lässt. Die zu dem, auf dem Gipfel sich erhebenden, Schloss führenden 4 Treppen haben jeweils 91 Stufen – also insgesamt 364 Stufen. Jede Seite hat 52 Täfelungen. Vieles deutete auf den verbreiteten Götterglauben hin und führte zu wunderbaren Skulpturen und Reliefs. So wie die Mayas aus unbekannten Weiten gekommen waren und ein 202 000 km^2 großes Gebiet in Besitz nahmen, so verschwanden sie eines Tages auf bis heute rätselhafte Weise. Allerdings sind 60 % der Bewohner Yukatans als echte Nachfahren der Mayas zu betrachten. Nach all dem Wunderbaren der Maya-Vergangenheit beendeten wir die Reise in Cancun, dem an einem herrlichen Strand gelegenen bekannten Badeort, nicht ohne jeder für sich festgestellt zu haben, dass dies wohl eine der eindrucksvollsten Reisen gewesen ist.

Kolumbien

Diesmal folgten wir einer Einladung unserer ehemaligen Gäste des FF-Clubs von Bogota, der uns mit über 40 Personen in Merseburg besucht hatte. Man warnte uns mehrfach davor in das Land zu reisen, über das in unseren Medien oft von Geiselnahmen zu lesen war und wo Guerillas das Land unsicher machen. Wir reisten trotzdem und spürten davon wenig außer, dass uns eine stärkere Präsenz von Militär in den Straßen und bei Kontrollen außerhalb der Stadt auffiel. Unsere Gastgeber, Gladys und Rosalba, empfingen uns sehr herzlich am Flughafen. Gladys und Rosalba, zwei Schwestern, erwarteten uns nicht allein, sondern wurden begleitet von einigen Familienmitgliedern. In Gladys Wohnung in einem Appartementhaus trafen wir dann eine noch größere Anzahl von Geschwistern, Söhnen, Töchtern und Enkeln, die zu unserer Begrüßung zusammengekommen waren. Ehe wir jedoch per Lift die modern gestaltete Wohnung erreicht hatten, mussten wir zwei von Wachleuten gesicherte Sperren passieren. Solchen abgesicherten Wohnvierteln begegnet man oft als eine „normale" Erscheinung in Lateinamerika.

Wir betraten eine komfortable Eigentumswohnung im 5. Stock. Der Boden aller Räume war gefliest, selbst das Teppichmuster bestand aus Fliesen. Heizung war überflüssig, stattdessen gab es Ventilatoren und Klimaanlage. 14 Personen, Männer, Frauen und Kinder bewegten sich inzwischen in der Wohnung und führten uns als eine erste Erkenntnis vor Augen, dass der Familienzusammenhalt ein ausgeprägter Bestandteil der dortigen Lebensweise ist.

Dann wurden wir zum Essen gebeten. Da der Tisch nur 6 Plätze für Gedecke aufwies, wurden zunächst auch nur sechs Personen (einschließlich uns) platziert, während die übrigen vorerst zusahen und erst danach zum Essen Platz nahmen. Diesen Ablauf, der uns etwas seltsam berührte, erlebten wir

Santa Maria Tonantzintla, Mexiko

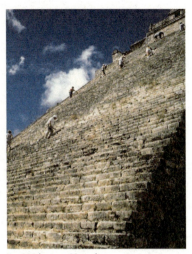

Pyramide von Uxmal

Folkloregruppe, Mexiko

Blick vom Monserrate auf Bogota

In Villa de Leiva, Kolumbien

auch beim Abendessen in Rosalbas Appartementwohnung, denn immer waren mehr Anwesende als Plätze am Tisch vorhanden. Auch hier fanden sich weitere Mitglieder der großen Familie ein. Als besondere Überraschung gab Rosalbas 16jährige Enkelin eine Probe ihres bereits beachtlichen Könnens als Violinistin ab. Sie hatte schon gelegentlich in kleinerem Rahmen Konzerte gegeben und es kann erwartet werden, dass der Name Laura Fierro einmal als der einer gefeierten Künstlerin bekannt wird.

Die Tage in Bogota boten neben Freundlichkeit von allen Seiten auch die Möglichkeit, einige Sehenswürdigkeiten kennen zu lernen. Dazu gehörte die „Salt Cathedral" in Zipaquira, wo in einem ehemaligen Salzbergwerk die unterirdischen Gänge und Höhlungen auf einer Strecke von zwei Kilometern mit christlichen Motiven und Kapellen ausgestaltet worden waren und wo auch Gottesdienste abgehalten werden. Im dazu gehörenden Museum erhielten wir Erklärungen zu dem vormals genutzten Salzbergwerk, – zu unserer Überraschung in deutscher Sprache. (Der Führer war eine Zeit lang in Deutschland gewesen). Tags darauf besuchten wir Villa de Leiva, ein altertümliches Städtchen mit holprigen Gassen und vielen kleinen Läden mit allerlei Krimskrams. Man konnte meinen, in das Jahr 1572, das Jahr der Gründung dieses Ortes, zurückversetzt worden zu sein. Hunde, Hunde und noch mehr Hunde aller Kaliber und Couleur dösten vor den schmucklosen, weiß gekalkten Häuserfronten und ließen nicht ahnen, dass sich dahinter mitunter idyllische Höfe und kleine Läden befanden.

Hier hatten wir auch die Gelegenheit zu einer rustikalen Mittagsmahlzeit in typisch kolumbianischer Art. Es bestand aus über mächtigem Feuer gegrilltem Fleisch, das sicherlich nicht von den Hunden stammte, die selbst auf einen Happen erpicht waren, aus mit Reis gefüllten Blutwürsten und, uns nicht immer bekannten, Früchten.

Bogota

Auch in die Großstadt Bogota selbst warfen wir bei einer Rundfahrt einen allerdings nur kurzen Blick. Bogota wurde 1538 von den spanischen Eroberern gegründet. Mit einer Höhenlage von 2650 m ist sie die dritthöchste Hauptstadt Südamerikas (höher gelegen sind nur La Paz und Quito). Diese Höhe verursachte einige Atembeschwerden beim bergauf Laufen. Die Stadt beherbergt heute, nach zunächst langsamem, aber ab 1944 schnellerem Wachstum, 6.437.000 Einwohner. Ein dichter Verkehr mit zum Teil vorsintflutartigen Kraftfahrzeugen drängte sich hupend durch die oft engen Straßen und Gassen und erweckte zuweilen den Eindruck von Chaos. Studenten der dortigen Universität bevölkerten um die Mittagszeit die mitunter etwas versteckt liegenden Lokale, eine billige Mahlzeit einnehmend.

Von einer früheren Pilgerstätte, dem Monserrate, einem 3152 m hohen Berg, den wir allerdings per Seilbahn erklommen, hatte man einen ausgezeichneten Blick über die von Bergen umgebene Stadt, die sich mit einer Fläche von 1732 km² präsentiert. Das Zentrum war, von oben betrachtet, unschwer auszumachen, wies es doch die üblichen Hochhäuser der Banken und Versicherungen auf. Ansonsten ließ sich an vielen Gebäuden noch die Architektur des Kolonialstils erkennen und herrschten die flachen, meist einstöckigen Häuser und die am Rande der Stadt gelegenen ärmlichen Hütten vor. So kurz auch unser Aufenthalt in Bogota war, so gewannen wir doch eine ganze Reihe Erkenntnisse über die Lebensweise unserer Freunde, über die Geschichte und das Land und erfuhren sehr viel Herzlichkeit und Gastfreundschaft.

Eine Begebenheit möchte ich nicht vergessen zu erwähnen. Wir hatten Gelegenheit an einem Meeting des dortigen FF-Clubs, der zwei Jahre zuvor in Merseburg zu Gast war, teilzunehmen. Groß war die Wiedersehensfreude der ehemaligen Teilnehmer an der Reise nach Merseburg und es zeigte sich, dass sie den Aufenthalt bei unseren Vereinsmitgliedern in guter Erinnerung hatten. Spontan wurden uns Briefe und Grüße an ehemalige Gastgeber mitgegeben. Einer dieser mitgegebenen Briefe wurde uns beinahe zum Verhängnis. Bei den strengen Kontrollen auf den Flughafen wurde einer unserer Koffer zweimal bis zum Grund ausgepackt und kontrolliert, bis man den in einer Seitentasche befindlichen Brief untersuchte, der Anlass zu dieser Prozedur war. Er enthielt nämlich ein Souvenir in Form einer metallenen Figur. Unsere Reise war jedoch noch nicht zu Ende, denn auch Ricardo, unser ehemaliger Gast hatte uns eingeladen, und so brachte uns eine Maschine der America Airway zum nächsten Ziel.

Costa Rica

In San José, der Hauptstadt dieses Landes, wartete am Flughafen schon Ricardo, der ein Jahr zuvor unser Gast in Merseburg war. Kurz war die Fahrt nach Alajuela, einer Stadt mit 160 000 Einwohnern, wo Ricardo und Irma ihr Haus hatten. Davor befand sich ein stählernes Gitter, das sich zwar automatisch für die Einfahrt des Toyotas öffnen ließ, sonst jedoch Unbefugten den Eintritt verwehrte. Solche Gitter waren typisch vor allen Häusern, ja, zuweilen auch Stacheldrahtrollen auf den Dächern, was Erstaunen hervorrief. Hieß es doch, Costa Rica sei eine Oase des Friedens. Bekanntlich ist dies ein Land, was es sich leisten konnte oder wollte, keine reguläre Armee zu unterhalten. Doch Kriminalität herrscht eben auch dort. Offenbar führt dazu der Unterschied zwischen Begüterten und der Armut, wie dies in den lateinamerikanischen Ländern aber auch anderwärts deutlich zu erkennen ist, und macht Vorsichtsmaßnahmen nötig.

An der Tür ein Schild: Ricardo Gonzales, Professor. Professor ist landesüblich die Bezeichnung für Lehrer. Ricardo, eine offensichtlich bekannte und geachtete Persönlichkeit, war aber nicht nur Lehrer gewesen, sondern hatte eine Schule geleitet, die wir mit ihm besuchten. Dort befand sich, in Anerkennung seiner Verdienste, auch eine Gedenkplatte mit seinem Namen und ein Gemälde von ihm im Büro. Die gut ausgestattete Schule bestand aus einem Komplex von Flachbauten und war äußerlich kaum als Schule zu erkennen. Die Räume waren wohnlich, das Mobiliar zwar nicht mehr neu. Der Fußboden war gefliest. Die Ausstattung mit Computern verriet, dass den Kindern zweifellos moderner Unterricht geboten wurde. Sie wurden übrigens ganztägig betreut.

Auch in Alajuela trafen wir Freunde, die damals in Merseburg Gäste unseres Vereins waren. Mayra minimierte die Verständigungsprobleme, da sie etwas besser Englisch sprach, und lud uns herzlich in ihr Haus ein, das auch ein zentraler Punkt für Laienmaler war, die in der dazu zweckentfremdeten Garage ihrem Hobby gekonnt nachgingen. Deshalb entdeckte man in etlichen Wohnungen, auch bei Ricardo und Irma, durchaus ansehnliche Gemälde, „Meisterwerke" dieser Hobbymaler. Natürlich war unser Gastgeber bemüht, uns vieles von seinem Land zu zeigen. Einen Tag verbrachten wir in San José, der mit 350 000 Einwohnern recht kleinen Hauptstadt. Ein dagegen großstädtischer Verkehr zwang uns zu erhöhter Aufmerksamkeit beim Überqueren der Straßen, denn gesonderte Ampeln für Fußgänger waren Fehlanzeige. Man musste halt warten, bis die Kraftfahrer anhielten. Und sie hielten an. An Straßenecken und auf Bürgersteigen gab es die vielen kleinen Stände mit Obstsorten, die man bisher noch nie gesehen, geschweige denn gekostet hatte. Stände mit allerlei folkloristischen Schnitzereien und Souvenirs lockten die Touristen. Auf dem zentralen Platz vor dem Theater stolzierte ein hagerer Mann auf und ab, unermüdlich gestikulierend und laut predigend, ohne die auf den Bänken gelangweilt oder sich sonnend Sitzenden zu Beifallsstürmen hinreißen zu können. Mehr interessierte Zuhörer fanden dagegen zwei Zimbalspieler mit ihren Melodien. Dann stieß man auf eine Gruppe offenbar Obdachloser, die sich mit ihren Hunden und Flaschen in einem Rondell zum Schlafen auf Zeitungen und Decken einrichteten. Kolorit einer Stadt.

Costa Rica, „Reiche Küste", von Columbus einst so bezeichnet, umfasst lediglich 51 000 km^2 und liegt zwischen dem Atlantischen Ozean im Osten und dem Pazifischen Ozean im Westen, (man könnte, wenn man wollte, an einem Tage in zwei Meeren baden!). Doch nicht das von den Spaniern erhoffte Gold macht den Reichtum des Landes aus, sondern die Schönheit der Natur. Die Vielfalt der Pflanzen- und Tierwelt sowie weite Kaffee- und Bananenplantagen. Regenwälder, die bis zu 3810 m hohen Berge, darunter die Kegel von vier Vulkanen, sowie die ursprünglichen Küstenlandschaften prägen das kleine Land, das oft als „die Schweiz Mittelamerikas" bezeichnet wird. 221 verschiedene Säugetierarten und 12000 unterschiedliche Pflanzenarten haben hier, wie auch 895 Vogelarten ihre Heimat.

Fast 30% der Gesamtfläche des Landes stehen unter Naturschutz. Bei den Fahrten genossen wir den Blick in von Bergen malerisch umschlossene Täler, nahmen wir, wie im Frühling, eine Fülle blühender Bäume und bunter Wiesen wahr. Das ist aber kein Wunder, wenn man bedenkt, dass das ganze Jahr über sommerliche Temperaturen herrschen und, außer in den Monaten Januar bis April, genügend Feuchtigkeit vorhanden ist. Dazwischen Siedlungen mit flach gehaltenen Gebäuden, welche offenbar wegen der Gefährdung durch Hurrikans und Erdbeben vorwiegend im westlichem Teil angesiedelt sind. Nicht immer so ansehenswert waren jedoch die Straßen, vor allem die in den Ortschaften. Tiefe Rillen an den hohen Bordsteinkanten, für den Wasserabfluss nach Regengüssen gedacht, mussten tunlichst gemieden werden und Hemmschwellen verhinderten Raserei, viel mehr aber noch die Schlaglöcher und Schäden. Diese erforderten spezielle Fahrkünste und sorgten für Schlingerfahrten, bei denen man so richtig durchgeschüttelt wurde. Spaßeshalber trugen wir Ricardo auf, sollte er einmal Präsident des Landes werden, den Straßenbau zu Punkt 1., seines Regierungsprogramms, zu machen.

Allerdings zu den attraktiven Sehenswürdigkeiten führten durchaus glatte und breite Straßen. Das traf zu bei der Fahrt an die Westküste, zum Badestrand am Pazifik, wo man unterwegs in sicherem Abstand Krokodile, faul im seichten Wasser eines Flusses liegend, beobachten konnte. Ein Strandhaus stand uns zur Verfügung und das Meer lud bei Wassertemperaturen von 25° zum Baden ein.

Eine glatte Straße hatten wir auch bei der Fahrt zum Vulkan Poás (2708 m). Vom Rande dieses noch aktiven Vulkans (er war in den 50er Jahren und, wie es heißt, zuletzt wohl 1985 tätig gewesen) fällt der Blick tief in den gewaltigen Krater, der mit einem Durchmesser von 1,5 km und einer Tiefe von 300 m der zweitgrößte in der Welt ist. Der Kratersee in der Mitte (er hat einen Durchmesser von 350 m) hält eine Temperatur von 50-65°. Seiner Randzone entsteigen dünne Schwefeldämpfe, Zeichen seiner Lebendigkeit, jedoch nicht Gefahr verkündend. Der Blick in einen Vulkankrater ist sicher ein Erlebnis, denn wann kommt man schon mal einem solchen so nahe.

Ungewöhnlich ein anderes Erlebnis. Im Trubel der Stadt Alajuela, mit z. T. auch sonntags geöffneten Geschäften, erklang auf dem zentralen Platz Musik, dargeboten vom städtischen Philharmonischen Orchester, mit Werken von Offenbach, Bizet und Grieg. Und da es ein Sonntag war, war auch die Kathedrale bis auf den letzten Platz gefüllt.

Auch wenn wir bei den täglichen Mahlzeiten bei unseren Gastgebern und Freunden genügend Gelegenheit fanden, typische Speisen des Landes kennen zu lernen, führte uns Ricardo, den offenbar alle Welt kannte, zu einer idyllisch auf einer Anhöhe gelegenen, komfortablen Gaststätte, die von einer bayrischen Familie betrieben wurde. Freundliche Bedienung, gediegenes Ambiente und hervorragende Speisen ließen auch das zu einem Erlebnis werden.

Einer unserer Besuche galt Dr. Ramirez, der uns vom damaligen Besuch in Merseburg her bekannt war. Er war ehrlich erfreut, Merseburger begrüßen zu können und wir waren überrascht, ihn nicht weiß bekittelt und in einem komfortablen Ordinationszimmer anzutreffen, sondern in salopper Kleidung und in einem Raum, wo man die Wände mit Händen greifen konnte. In seinem ärztlichen „Sprechzimmer" hatten neben dem Stuhl für den Patienten nur ein mit Papierkram bedeckter alter Schreibtisch und Regale, vollgestellt mit Arzneien, Platz. Leider nur erwähnt werden können weitere Besuche bei Freunden, z.B. bei einem Orchideenzüchter, einem pensionierten Mathematiklehrer, und bei einem älteren, aus Deutschland stammenden Vogelfreund, der es sich zur Aufgabe gemacht hat, eine vom Aussterben bedrohte farbenprächtige Spezies großer Aras privat in seinem Haus zu züchten. Er wurde dabei unterstützt von zwei Mädchen, eines davon eine hübsche Inderin, die sich selbstlos gegen Aufenthalt, Kost und Logis dieser Aufgabe widmen.

Konnten wir uns dieses kleine Paradies noch kostenlos ansehen, erfolgte der Eintritt in den Zoo gegen Entgelt. Ein Zoo, der der heimischen Vogel- und Tierwelt gewidmet war und der diese in einer natürlichen Umgebung darbot, so dass man mitunter meinen konnte, sich im tropischen Regenwald zu befinden.
Apropos Regen. Der Oktober gehört in Costa Rica klimatisch zur Regenzeit. Doch das bedeutet nicht, dass es tagelang regnet. Nein, die Himmelsschleusen öffnen sich nur sporadisch und die Sonne trocknet alles schnell und sorgt meist für ange-

nehme Temperaturen. Allerdings konnte man fast täglich unvermittelt mit einem Regenguss rechnen. Dann aber goss es in Strömen. Unsere erste Fahrt zum Vulkan mussten wir deshalb auch, des heftigen Regens wegen, vorzeitig abbrechen. Abbrechen mussten wir schließlich auch unseren Besuch bei, zu guten Freunden gewordenen, netten Menschen in Costa Rica. Als Fazit bleibt: Ein kleines Land nur wurde besucht, aber viele unvergessliche Eindrücke wurden gewonnen.

An den Wasserfällen von Iguacu

Wer auf Reisen den Sehenswürdigkeiten und Naturwundern nachspürt, wird immer wieder neue besuchenswerte Ziele entdecken. Bei einer Reise nach Brasilien empfahl man uns, von Sao Paulo aus unbedingt einen Abstecher zu den Wasserfällen von Iguacu zu machen. Wasserfälle sind immer Naturschauspiele, die uns die Gewalt des Wassers und die Schönheit der Natur recht sichtbar machen und die menschliche Größe gegenüber deren Vollkommenheit relativieren. Also starteten wir mit einer kleinen Propellermaschine und ließen uns etwas durchschütteln, ohne dass uns dabei der Blick auf die unter uns liegende Landschaft verloren ging. Wasserfälle von Iguacu? Wohl bekannt sind die mächtigen Niagara-Wasserfälle in den USA und auch von den gewaltigen Viktoria-Wasserfällen in Afrika, wo der Sambesi auf einer Breite von 1500 m über eine 100 m tiefe Schlucht abstürzt, hat man wohl schon gehört oder gelesen. Doch von den Iguacu-Wasserfällen hatte bislang kaum jemand gesprochen. Dabei seien das die schönsten Wasserfälle der Welt, bei deren Anblick die Frau des früheren amerikanischen Präsidenten Roosevelt gesagt haben soll: „Arme Niagarafälle!" Wir sollten tatsächlich einem unvergesslichen Erlebnis entgegensehen. Hier im Länderdreieck zwischen Brasilien, Argentinien und Paraguay befindet sich der Nationalpark von Iguacu, der 1986 von der UNESCO zu einem erhaltenswerten Naturgebiet erklärt worden war. Inmitten eines subtropischen Urwaldes, in dem sich Kolibris und Tukane unter Palmenwedeln oder im Geäst der von den Ranken der Lianen umschlungenen und mit Orchideen bewachsenen Urwaldriesen tummeln, wo man gelegentlich sich sonnenden Echsen gewahrt und zutraulichen Nasenbären begegnet, inmitten einer durch die angestauten Wasser des Iguacu-Flusses und des Parana-Stromes begünstigten üppigen Fauna und Flora, ergießt sich der Iguacu-Fluss auf einer Breite von ungefähr 3500 m stufenweise bis nahezu 80 m in die Tiefe. Je nach Wasserzufluss schwankt die Zahl der einzelnen Wasserfälle zwischen 150 und 300. Es bot sich uns ein einzigartiges, faszinierendes Bild dampfender Gischtwolken, die von den donnernd herabstürzenden Wassermassen (1750 m^3 pro Sekunde) aufgewirbelt werden. In dem feinen, sich bildenden Wasserstaub, ließen die einfallenden Sonnenstrahlen immer wieder neue Regenbögen entstehen. Seeschwalben jagten sich vor den brausenden weißen „Vorhängen". Man konnte sich von dem Anblick dieser wunderbaren Naturerscheinungen kaum lösen und nahm das Angebot zu einer Bootsfahrt bis dicht an die Fälle heran an, dabei riskierend, nass gespritzt zu werden. Auf der, nach Meinung des Bootsführers, noch attraktiveren argentinischen Seite brachte uns ein Boot über den breit gefächerten Iguacu-Fluss zu einer Bastion, von der man tief in den tosenden „Teufelsschlund" hinunterblicken konnte. Vor Jahren führte ein 1000 m langer Betonsteg zu einer im Flusslauf erbauten Bastion, die aber durch eine gewaltige Hochwasserwelle 1992 völlig zerstört worden war. Die mächtigen Betonbrocken und Eisenträger der ehemaligen Bastion führten uns die Urgewalt des Wassers und dessen zerstörerische Kraft deutlich vor Augen.

Doch 30 km weiter nördlich erhält man ein positives Bild vom Wirken des Wassers, das aus einem, vom Parana-Strom gebildeten, riesigen Stausee ein Wasserkraftwerk speist. Mit dessen Bau wurde 1975 begonnen. Es ist das größte der Welt, ein Gemeinschaftsprojekt Brasiliens und Paraguays.

Eine Woche unterm Zuckerhut

Sao Paulo - Iguacu - und nun Rio de Janeiro, die Hauptstadt des gleichnamigen Bundesstaates (Regierungsstadt ist seit 1960 die 1957 gründete Stadt Brasilia). Von unserem Zimmer aus im 17. Stock bei Stefan und Gloria, unseren Gastgebern, hatten wir einen wunderbaren Blick auf die breite Küstenstraße und das grün schillernde Meer. Rio ist mit seinen 10 bis 12 Mio. Einwohnern unvergleichlich anziehender als Sao Paulo. Man sagt ja, Rio sei die schönste Stadt der Welt. Beim Begrüßungsbarbecue erlebten wir das Temperament der Brasilianer. Es wurde gesungen, getanzt und gelacht; es war, als ob man sich schon länger kannte. Vom Corcovado Berg (705m) aus, auf dem weithin sichtbar die 38 m hohe Christus-Statue sich erhebt, erschloss sich uns das Panorama der Stadt mit ihren Hochhäusern und „Favelas", den Blechhütten der Ärmsten. Vom „Zuckerhut" (394 m), dem bekannten Wahrzeichen Rios, erfasste der Blick das Panorama der Stadt aus einer anderen Perspektive.

Wunderschön auch die 800 m hoch in den Bergen und etwa 60 km von Rio entfernt liegende Stadt Petropolis, die Sommerresidenz des früheren brasilianischen Kaisers Pedro II. Bei einer Bootsfahrt zu den „Tropical"-Inseln genossen wir das Sonnenbad und Badevergnügen. Apropos: Badevergnügen! Die Brasilianer schienen davon nicht allzu viel zu halten. Wassertemperaturen von 25/26 Grad sagen ihnen offenbar nicht zu. Sie nutzen die langen Strandpromenaden zu ausgiebigem Jogging. Das Leben in Rio verläuft sicherlich anders, als wir es in Sao Paulo erlebten. Dort lebt man, so der Volksmund, um zu ar-

Blick in den Krater des Vulkan Poas, Costa Rica

Wasserfälle von Iguacu, Brasilien

Tänzerin, Brasilia   SOS-Kinderdorf, Rio de Janeiro

Blick aus dem 17. Stock, Rio de Janeiro

beiten, hier zum Vergnügen. Ein Hauptvergnügen ist für die Brasilianer zweifellos der Fußball. Das 200 000 Zuschauer fassende „Estadio do Maracana" soll bei Spielen gegen den Rivalen aus Sao Paulo oft voll ausgebucht sein. Noch mehr Menschen bewegt der Karneval an 4 Tagen im Februar. Karneval und Samba sind Begriffe, die sich fest mit Brasilien und Rio de Janeiro verbinden. Eine Kostprobe, von der „bewegenden Kraft" der Samba-Rhythmen, erhielten wir beim Besuch einer Tanzgaststätte. Uns bot sich ein Gewimmel von jungen Menschen und deren Kindern, die später an und unter den Tischen schliefen, denn erst um 23 Uhr begann eine Band zu spielen, dann aber fast ohne Pause. Pausenlos bewegte sich dann auch alles im Lokal, auf der Tanzfläche und zwischen Tischen und Stühlen in rhythmischem Takt. Auch wir konnten uns dem nicht ganz entziehen. Noch gegen 1 Uhr begehrten vor dem Lokal Ausharrende Einlass.

Etwas vom brasilianischen Volksleben vermittelte ein Gang über den so genannten Hippie-Markt. Hier fand man indianischen Schmuck und folkloristische Handarbeiten. Wertvolleres wurde uns im Hauptsitz des „steinreichen" Juweliers Stern vorgeführt, dessen Diamanten-Imperium über die ganze Welt verteilt ist. Durch dicke Glasscheiben getrennt verfolgten wir, wie aus einem Rohdiamanten ein klitzekleines teures Etwas wurde.

Nicht Reichtum, doch für uns recht Erfreuliches offenbarte der Besuch eines SOS-Kinderdorfs. Wir trafen auf Kinder, die elternlos oder von der Straße aufgegriffen und in eine menschenwürdige Obhut genommen worden waren. Jeweils 7-9 Kinder lebten wie in einer Familie mit ihren jungen „Muttis", mit viel Liebe und Engagement ihre Aufgabe wahrnehmenden Frauen, in schmucken Häuschen zusammen. Dankbar nahmen die Kinder die von uns angebotenen Spielsachen und Süßigkeiten an. Auch wir waren dankbar für die gemachte Erfahrung, fragt man sich doch manchmal, was aus der Spende geworden ist, die man für ein SOS-Kinderdorf gegeben hat.

JAPAN, NEUSEELAND, AUSTRALIEN UND SINGAPUR

Ins Land der aufgehenden Sonne

Japaner sind, so eine weit verbreitete Meinung, als sprichwörtlich höfliche Menschen bekannt. Davon konnte ich mich bei einer Reise in das exotische Land überzeugen. Akiko und Hitoo, meine Gastgeber, sorgten für einen angenehmen Aufenthalt in ihrem weit vom Zentrum Tokios gelegenen Häuschen, das sich wie eingezwängt zwischen gleichartigen Wohnstätten befand. In Tokio stehen die Häuser aus Platzmangel entweder eng beieinander oder streben bis zu 50 Stockwerken in die Höhe. In einem solchen Hochhaus fand auch die herzliche Begrüßungsparty mit folkloristischem Programm und einem üppigen Büfett statt.

Doch zurück zu unseren Gastgebern. Die Betreuung der Gäste war überall, wo wir hinkamen, der Hausfrau überlassen. Die Männer waren seltener zu sehen. Sie arbeiteten entweder lange oder gingen Golf spielen. Man betrat die Wohnung, wie in Japan üblich, nachdem man sich der Schuhe entledigt hatte und bewegte sich in den nach allen Seiten offenen Räumlichkeiten entweder barfuß oder benutzte die stets bereitstehenden Pantöffelchen. Eine Sitte, wie sie gelegentlich auch in unseren Breiten geübt wird.

Neu für mich war auch die erste Abendmahlzeit. Dazu musste man sich an einem niedrigen Tisch, die Beine verschränkt (Schneidersitz!), auf ein auf dem Boden liegendes Kissen hocken. Eine sehr unbequeme Prozedur, die aber später nicht mehr beibehalten wurde. Den Versuch, die „Sticks", die Stäbchen zu benutzen, gab ich gleich auf. Der Tisch war reichlich gedeckt mit Salaten und Gebrutzeltem. Das konnten, wie wir staunend bei anderer Gelegenheit erfuhren, gebratene Quallen, gerösteter Tang, Algen, Muscheln und anderes Meeresgetier sein. Man sah jedoch den schmackhaft angerichteten Speisen ihren Ursprung nicht an und verzehrte sie mit großem Vergnügen, der Hausfrau Lob zollend. Der Sake-Wein rundete die Mahlzeit ab und trug ausgezeichnet zur Belebung der Konversation in holprigem Englisch bei. Und mit „kan pai!" (Prost!) begannen wir Japanisch zu lernen.

Noch eine Besonderheit muss erwähnt werden: Das typische japanische Bad. Die Japaner lieben es, heiß zu baden. Eine Wanne, zugedeckt, steht immer bereit. Das Badewasser wird auf eine Temperatur von 44-46°C gebracht und wird nacheinander von der ganzen Familie genutzt, nachdem man sich unter der Dusche gründlich gesäubert hatte. Wenn man dann – rot wie ein Krebs – nach etwa 10-12 Minuten in einen warmen Bademantel gehüllt wurde, fühlte man sich wohlig entspannt. Eine Wohltat!

Doch nicht das Essen und Baden standen im Mittelpunkt unserer Reise, sondern das Kennenlernen des Landes mit seinen landschaftlichen Reizen (gerade zur Zeit der Kirschblüte) und der Lebensweise der Menschen dieses Landes. Sie ist mit starker Religiosität verbunden. Da ziehen allerorts altehrwürdige Tempel, Schreine und prächtige japanische Gärten die Augen der Besucher auf sich. Man sieht staunend, wie viele Japaner andächtig vor einem 11 m hohen steinernen Buddha (dessen Augen jeweils eine Breite von 1 m haben) stehen und erlebt auch mal eine durch die Straßen ziehende religiöse Prozession. Der Kaiserpalast indes war leider nicht zugänglich. Nur zu des Tennos Geburtstag öffnen sich die Pforten für das gemeine Publikum, hieß es.

Typische japanische Folklore lernten wir mit der „Teezeremonie" kennen, ein aus unserer Sicht kompliziertes Ritual, für dessen Erlernen es spezielle Schulen und Lehrer gibt. Auch für das Ikebana, die japanische Blumensteckkunst, existieren Zirkel.

Noch Mehr von japanischer Kultur wurde uns in Fukuoka, 600 km südlich von Tokio, vermittelt, wohin uns der Shinkansen, die Schnellbahn, mit einer durchschnittlichen Geschwindigkeit von 230 km/h (mittlerweile mit einer Höchstgeschwindigkeit von über 300 km/h) in rasanter Fahrt, vorbei an dem aus der Ferne grüßenden Fudschijama, gebracht hatte. Yuko, meine neue Gastgeberin, wohnte mit ihrem, einer Sekte angehörenden, Mann, ihrem, als Lehrer arbeitenden, Sohn und ihrer reizenden Tochter Maliko im Zentrum der großen Stadt, in der ich mich bei einem Alleingang beinahe verlaufen hätte, ohne dass mir geholfen werden konnte, denn ich sprach ja nicht japanisch. In einem Volkshaus wurden wir mit dem Origami, den Faltarbeiten aus Papier und dem Shodo, dem kunstvollen Schreiben vertraut gemacht, scheiterten aber bei Versuchen, es den Kindern gleichzutun.

Zum Höhepunkt wurde die Einkleidung der Gäste in bunte Kimonos und würdige Samurai-Gewänder. Die historische Kleidung trug sich recht angenehm, benötigte aber Zeit und Mühe sie anzulegen.

In Fukuoka präsentierte uns Yuko mit ihren Freundinnen viel Sehenswertes, wie z.b. ein großes Stadion mit einem Durchmesser von 222 m und einem 68 m hohen Dach, das sich bei Bedarf öffnen und schließen lässt. Wir konnten auch einen Blick werfen in das TV-Studio, wo Yoshiko gearbeitet hatte und kamen zu der Zeit, als gerade eine Sendung vorbereitet wurde. Wir besuchten das Toyota-Autowerk, wo man die Montage eines Pkw am Fließband verfolgen konnte. Die Arbeiter mussten mit hohem Tempo ihre Tätigkeiten verrichten, wurden jedoch in regelmäßigen Abständen abgelöst und hatten dann eine Pause. Als Schutz vor neugierigen Konkurrenten war hier das Fotografieren nicht erlaubt, ebenso wie beim Besuch der Noritake-Keramikfabrik, in der prächtiges Porzellan hergestellt wird, das, zumindest hinsichtlich der Preise, mit Meißner Porzellan konkurrieren kann. Auch ein Rundgang und ein

Picknick im Yusentei-Garten, einer gärtnerisch typisch japanisch gestalteten Anlage, gehörten zu den bleibenden Eindrücken der Japan-Reise.

Die Fahrt nach Nagasaki, der durch den Atombombenabwurf einst völlig zerstört gewesenen Stadt, rief Erinnerungen an eine schreckliche Vergangenheit hervor. Im Gespräch mit einer der wenigen Überlebenden wurde das Grauenvolle dieses Luftangriffs noch einmal lebendig, auch wenn heute von den Zerstörungen (außer durch Bilder im Museum) nichts mehr zu sehen ist. Ein Mahnmal für den Frieden erhebt sich in der heute modernen, sauberen und geschäftigen Stadt. Allerdings lässt sich ein so zauberhaftes Land wie Japan mit wenigen Zeilen wohl kaum umfassend beschreiben.

Heiße Quellen, Schafe und Maories

Im Rahmen der gegenseitigen Besuche hatte der Merseburger Verein „The Friendship Force" die Gelegenheit, drei Clubs in Neuseeland und Australien zu besuchen. 30 Interessenten fanden sich für diese Reise und starteten von Frankfurt/Main, zu dem 23 Flugstunden entfernt liegenden Ziel. Auf halbe Wege, in Singapur, war allerdings ein Zwischenstopp vorgesehen, der dann auch zum ersten Höhepunkt der Reise wurde. Schon das feuchtwarme Klima verdeutlichte, dass wir uns in einer anderen Zone befanden, d.h. in der Nähe des Äquators. Dann aber die Stadt selbst! Bei einer Stadtrundfahrt, die uns auch in einen wunderbaren botanischen Garten mit Blick über die Stadt führte, vermittelte uns eine nette Reiseleiterin interessante Eindrücke von dieser Riesenstadt. Eigentlich müsste man von 4 Städten sprechen, denn wir fanden eine indische, eine chinesische, eine malaysische und eine moderne Stadt vor, Stadtteile, die sich deutlich voneinander abgrenzten. Die Stadtverwaltung hatte den zugewanderten ethnischen

Gruppen jeweils ein bestimmtes Territorium in der Stadt zugewiesen. Leider blieb uns vorerst nur ein Tag, um die Vielgestaltigkeit dieser interessanten Stadt zu erfassen. Der Flug am nächsten Tag brachte uns dann zur Nordinsel von Neuseeland. Auf dem Flughafen Auckland empfingen uns Barbara und Mike, unsere Gastgeber, die gleichzeitig auch die Verantwortlichen für das Programm in Rotorua waren. Auf der mehrstündigen Busfahrt dorthin bekamen wir einen ersten Eindruck von der andersartigen wunderbaren Landschaft. Bäume mit roten und lila Blüten suggerierten uns, in einer anderen Welt zu sein. Unsere Gastgeber der ersten Woche, bewohnten ein hübsches Haus im Bungalow-Stil direkt am Rotorua-See. Eine angenehme und ungezwungene Atmosphäre und die Herzlichkeit unserer Gastgeber brachten es mit sich, dass wir uns bald heimisch fühlten.

Das Gebiet um Rotorua umfasst etwa 20 Seen, die durch frühere vulkanische Tätigkeiten entstanden sind. Zeugen des Vulkanismus sind noch die sich ringsum erhebenden kegelförmigen Gipfel (z.T. mit einer Höhe bis 2500 m). Der gewaltigste Vulkanausbruch war der des Mount Tarawera im Jahre 1886, wobei ganze Dörfer verschüttet und mehr als 150 Menschen getötet wurden. 1995 erfolgte die auf der Nordinsel bisher letzte Eruption des Mount Ruapehu. Heutzutage sind es die Geysire, die blubbernden Schlammkrater und die heißen Quellen, die, als Überbleibsel des aktiven Vulkanismus, die Touristen anlocken. Diese warten dann auf den, in fast regelmäßigen Zeitabständen stattfindenden, bis 30 m hohen, Ausbruch einer Fontäne und lassen dann eifrig die Kameras klicken. Aus Erdritzen steigt heißer Dampf auf und verbreitet einen leicht schwefeligen Geruch. In einem von diesen, durch Thermalquellen gespeisten, Becken mit 36-44° Wassertemperatur nahmen dann auch Unentwegte ein kurzes Bad.

Der gastgebende Rotorua-Club hatte ein abwechslungsreiches Programm zusammengestellt. Es begann mit einem

Empfang durch den Mayor, den Bürgermeister, der in launiger Art seine Stadt vorstellte. Bei Fahrten in die Umgebung bestätigte sich die Vielfalt der Natur. Ein besonderer Höhepunkt war eine Fahrt zu den Kultstätten der Maoris, die das Land vor dem Eindringen der Weißen bewohnten. Man begrüßte uns traditionell mit „ Kia ora!" (was etwa soviel wie „Willkommen!") heißt und mit 2 „Nasenstupsern", dem Maori-Begrüßungsritual. Spaßeshalber ließen auch wir uns das Gesicht mit Tätowierungsmustern bemalen und ahmten Kriegstänze der Maori nach.

Maori werden fälschlich als Ureinwohner dieses Landstrichs bezeichnet, sind aber erst vor 600 Jahren, vermutlich von der einen oder anderen polynesischen Insel, hierher gekommen, haben die Ureinwohner vertrieben und das Land in Besitz genommen. Die Maoris waren ein sehr kriegerisches Volk, sind es aber heute nicht mehr. Im Raum Rotorua stammt ein Drittel der 68 400 Einwohner von Maoris ab. Deshalb haben sich hier Brauchtum und Maori-Kultur weitgehend erhalten. Die Maori haben sich klugerweise inzwischen in die neuseeländische Bevölkerung integriert und konnten so etliche Rechte beanspruchen. In einem früher als Badehaus genutzten Gebäude befindet sich ein Museum, in dem eine Abteilung den Maoris gewidmet ist. Hier erfuhren wir, dass die Maori, als Soldaten der britischen Armee, im zweiten Weltkrieg an den Kämpfen teilgenommen und auch hohe Opfer gebracht hatten. Eine Folklore-Gruppe der Maori ließ es sich nicht nehmen, die Abschiedsparty für uns zu gestalten. Ein mehr als einstündiges Programm folkloristischer Darbietungen und ein Essen nach Maori-Art hinterließen bleibende Erinnerungen an diese Völkergruppe.

Bei weiteren interessanten Ausflügen kamen wir zu einer „Sheep-Show", bei der es viel Spaß gab, hätte ich doch beinahe ein Schaf in einem Koffer mit nach Hause nehmen sollen. Ja und da spricht man auch von Neuseeland als dem Land der

Kiwis. Wir besuchten eine Kiwifarm und wurden belehrt, dass die hierorts so geschätzten grünen, viel Vitamin C enthaltenden, Kiwi-Früchte einstmals aus China eingeführt, als eine Art Stachelbeere, und kultiviert worden waren. Sie werden hier auf großen Plantagen geerntet. Diese Kiwis haben aber nichts mit dem flugunfähigen Kiwi, dem vom Aussterben bedrohten Vogel Neuseelands zu tun. Deshalb auch die Bezeichnung „Kiwi-Früchte". Wir bekamen den scheuen Vogel, der im Dunkeln zu Hause ist, später auf einer Farm zu sehen und staunten über die Größe seines Eies.

Dann folgte eine fünfstündige Busfahrt zu unserem zweiten Ziel, auf einer landschaftlich abwechslungsreich gestalteten Strecke, vorbei an Seen und dichten Wäldern, vorbei an der beginnenden roten Blütenpracht des, auch als Weihnachtsbaum benannten, Pohutukawa. Schließlich erreichten wir Hawera, unseren Aufenthaltsort für die zweite Woche. Hawera (9000 Ew.) ist die Verwaltungsstadt des Distriktes South Taranaki an der Westseite der Nordinsel. Ebenso wie in Rotorua empfingen uns unsere künftigen Gastgeber sehr herzlich und auch die „Mayorin" fand bei dem üblichen offiziellen Empfang freundliche Begrüßungsworte. Gordon und Ann, unsere Gastgeber, bewohnten weit draußen eine Farm, die auch zu unserem zeitweiligen Zuhause wurde. Allerdings war diese Farm aus Altersgründen auf etwa 200 Schafe und einen Ochsen reduziert. Wir durften auch einmal „Farmer" spielen und einen Traktor über die Wiesen steuern und mittels eines kleineren Gefährts die Schafe zusammen treiben.

South Taranaki ist das fruchtbare „Milchland" (Dairyland). Schon unterwegs nahmen wir riesige Kuhherden auf den ausgedehnten, saftigen Wiesen und Weideflächen wahr. Auch fielen die vielen blitzblanken, silbrig glänzenden Tankwagen auf, die auf den Straßen zu sehen waren. Sie befördern, wie man uns sagte, jährlich 3 Billionen Liter Milch, nachdem sie diese von den einzelnen Farmen abgeholt haben. In der „Milchfabrik", der wohl größten in der Welt, hatten wir Gelegenheit, mittels simulierter Fahrt in einem solchen Tankwagen, er rüttelte uns schon einmal etwas durcheinander, wenn es über einen holprigen Feldweg ging, den Werdegang der Milch, vom Euter der Kuh bis zur Auslieferung verschiedener Produkte (vor allem Käse), zu verfolgen. Wir waren dabei, als mehreren hundert geduldigen Kühen nacheinander auf dem rotierenden Melkkreisel das Euter leer gezapft wurde, bevor sie wieder befreit zu den saftigen Weiden trotten durften.

Von Hawera aus hatte man einen wundervollen Blick auf den Mount Egmont (2518 m), der mit seinem weißen Gipfel das hier meist flache Weideland majestätisch überragt. Eine Fahrt dorthin führte uns in den ihn umgebenden Naturschutzpark, wobei man sich nach wenigen Schritten in einem richtigen Regen(ur)wald wähnte. Bizarre, von Moosen, Flechten und Lianen überwachsene, Baumriesen und Farnbäume sowie das von hohen Gräsern gebildete Dickicht ließen lediglich einen schmalen begehbaren Pfad frei. Schlangen und anderes gefährliches Getier entdeckten wir jedoch nicht. Zum Glück (vielleicht) diese uns auch nicht.

Wie es bei Reisen oftmals der Fall ist, ergänzt sich das Programm oft durch Zufälligkeiten. So fand in Hawera während unseres Aufenthaltes gerade ein Volksfest mit Umzug, verbunden mit einer Landwirtschaftsausstellung, statt. Wir erlebten pferdesportliche Vorführungen und Tierpräsentationen. Im Vergnügungspark sorgten fantastische Karussells und Hochseilakrobatik für gute Unterhaltung. Das war nun aber gleichzeitig der Abschluss unseres Aufenthaltes in Hawera.

Vor unserem Weiterflug von Auckland nutzten wir die Zeit zu einem kurzen Bummel zum Hafen dieser Stadt, wo ein als Denkmal aufgebautes Segelboot nicht zu übersehen war. Von diesem wurde mit Stolz berichtet, dass es einmal bei einer traditionellen Regatta den Sieg errungen hatte und nicht etwa ein Boot der Australier, zu denen offenbar so etwas wie eine sportliche Rivalität besteht.

Es war uns allen klar, dass wir in der kurzen Zeit nur ein winziges Stück von dem landschaftlichen Reichtum Neuseelands und dem Leben der aufgeschlossenen und gastfreundlichen Menschen hier registrieren konnten. Und wohl niemand hat bereut, die Strapazen einer langen Flugreise hierher auf sich genommen zu haben.

Kängurus und Koalas

Wenn man schon in Neuseeland ist, bietet sich der Sprung hinüber nach Australien förmlich an. Also landeten wir erst einmal in Sydney, der größten Stadt Australiens (3,7 Mio. Einwohner). Regierungsstadt ist die 1911 gegründete Stadt Canberra mit 320 000 Ew. Auch am Flughafen von Sydney wartete schon der Verantwortliche für unseren Aufenthalt und geleitete uns in das für eine Nacht gebuchte Hotel. Am nächsten Tag wurden wir zu einer Hafenrundfahrt eingeladen. Vorbei an dem durch Ansichtskarten hinreichend bekannten Theater mit seinem eigenwilligen architektonischen Stil, vorbei auch an aus dem Wasser ragenden Felsen, auf denen sich Robben sonnten und hindurch unter der 134 m hohen Harbour-Brücke, die das Ost- mit dem Westufer des Hafens verbindet. Wen es reizte, seinen Weg über diese Brücke zu nehmen, wie dies eine nur winzig klein erscheinende Touristengruppe offenbar tat, der hätte jedoch 100 Au$ für dieses sicher mutige, erinnerungswürdige Unternehmen berappen müssen.

Eine Stadtrundfahrt machte uns mit der Betriebsamkeit dieser Metropole bekannt. Wir erklommen (per Lift natürlich!) den 305 m hohen Center-Turm und erlebten dort, nach einem beeindruckenden Panoramablick über die Metropole, eine 3-D-Videovorführung, bei der man meinte, über Felsen zu fliegen und steile Wasserfälle hinabzusausen. Jedenfalls wurde man auf den Stühlen echt durchgerüttelt. Das dann aufgesuchte komfortable Kasino, in einem prächtigen Gebäude mit Theater, Hotel und Bars, hatte wohl den Teilnehmern und Besuchern der Olympischen Spiele mit seinen 1500 Spielmaschinen und 200 Spieltischen Gelegenheit gegeben, der Spielleidenschaft zu frönen. Bemerkenswert war die Aufteilung in Bereiche für nicht so Bemittelte, wo wir auf erste Glückssucher trafen, und für diejenigen, die Gewinn heischend, größere Summen einsetzen konnten. Dieser Bereich war uns fremd, so dass wir verständlicherweise nur einen kurzen Blick hineinwarfen. Das danach aufgesuchte ehemalige, nun leere Olympische Dorf präsentierte sich als eine Oase der Ruhe und gab Gelegenheit zu einem kleinen Picknick. Mehr ließ sich an einem Tag von Sydneys Sehenswürdigkeiten leider nicht erfassen.

Danach ging es in einer etwa zweistündigen Fahrt nach Norden zu unserem zweiten Zielort Newcastle, einer Hafenstadt und Umschlagplatz für die reichen Steinkohlevorkommen Australiens.

Die Stadt (450 000 Ew.) erwies sich als weit ausgedehnt, so dass die Mitglieder der Reisegruppe oft mehrere Kilometer weit voneinander wohnten, mitunter in idyllisch am Wasser gelegenen hübschen Häusern im Bungalowstil, denn Hochhäuser wie in Sydney fehlten hier.

Eine Stadtrundfahrt mit der Straßenbahn stand im Programm. Auf die „Straßenbahn" war man gespannt. Und was für eine Straßenbahn war das! Ein findiger Unternehmer hatte seinen Bus in einen Straßenbahnwagen umgewandelt und brachte uns, in halsbrecherischer Fahrt über Steigungen, Hänge und enge Kehren, mit humorvollen Erklärungen die Sehenswürdigkeiten der Stadt nahe. Seriöser waren die Worte, die uns die „First Lady", die Gattin des Lord Major zur Begrüßung widmete. Es waren durchweg nette Menschen, mit denen man bei abendlichen Plauschs zusammenkamen, zumal wenn man bedenkt, dass die ersten Ansiedler in Australien englische Verbrecher und Strafgefangene gewesen sind. Bei Pamela saßen wir auf der Veranda und konnten zum Greifen nahe und nur durch ein Gazefenster getrennt, ein Opossum beobachten, das sich munter an einer Bananenstaude gütlich tat. Opossums haben in Australien keine natürlichen Feinde und vermehren sich deshalb lebhaft. Dem steuern allerdings Autofahrer entgegen, wie das die vielen auf den Straßen überfahrenen Tiere belegen. Das Programm des dortigen Clubs war unserem Wunsch entsprechend etwas moderater, doch gab es genügend Gelegenheiten, Interessantes kennen zu lernen.

In einer ehemaligen Farm fanden wir Spuren der Aborigines, den vor 40 000 Jahren dort lebenden, Ureinwohnern Australiens. Heute finden sich Reste dieses Volkes, sofern man sie nicht in die australische Bevölkerung integriert hatte, noch in Reservaten im Norden des Landes, die von wissensdurstigen Touristen nur mit besonderer Erlaubnis besucht werden können. Wenn auch kein Didgeridoo, ein langrohriges Musikinstrument, so nahm doch der eine oder andere ein original von Aborigines gefertigtes Souvenir mit nach Hause.

Und endlich kamen wir in einer Parkanlage hautnah zu Koalas, die meist schlafend in Astgabeln herumhingen. Da sie sich fast nur von den Blättern der Eukalyptusbäume ernähren, geht die Zahl der in Freiheit lebenden stark zurück. Man hat bereits versucht, sie auf den Verzehr von Äpfeln einzustellen. Sie sind auch am ärgsten von den, wegen der Hitze häufigen, Buschbränden betroffen, - einem solchen sind wir durch unsere planmäßige Abreise rechtzeitig aus dem Weg gegangen. Schließlich entdeckten wir in einem Gehege auch Kängurus. Einer der Reiseteilnehmer hatte Kängurus vor seinem Fenster „in natura" beobachten können.

Da Newcastle auch an dem langen Strand des Ozeans gelegen ist, konnten wir auch unsere Badesachen nutzen, denn das Wasser hatte bereits eine angenehme Temperatur. Während daheim der November den Winter ahnen ließ, bereitete hier der Frühling den, etwa im Januar beginnenden, Sommer vor. Doch auf den konnten wir leider nicht warten.

Unsere zu Freunden gewordenen Gastgeber wollten uns den Abschied mit einem opulenten Abschiedsdiner und einem humorvollen Sketch-Programm erleichtern, machten ihn damit für uns allerdings fast noch schwerer.

Singapur

Ja, und dann waren wir wieder für einen Tag in Singapur, der Stadt, die uns am ersten Tag so bezaubert hatte. Diesem Zauber waren inzwischen die mannigfaltigsten Eindrücke gefolgt, wie sie die anderen Großstädte Auckland und Sydney mit ihren Sehenswürdigkeiten (meistens leider nur den Prospekten entnommen) vermitteln. Nun hatten wir noch einmal Gelegenheit, jeder auf eigene Faust, diese Stadt zu durchstreifen, die Chinatown oder eine Markthalle zu besuchen, in der alle Gerüche der Welt vereint waren, ehe eine Boeing in 13-stündigem Flug uns wieder nach Frankfurt brachte.

Heimatliche Kühle empfing uns, und es war kein Wunder, dass anschließend einige Reiseteilnehmer sich mit einer Erkältung herumplagten. Doch dieses kleine Übel konnte die Begeisterung über das gehabte Erlebnis dieser Reise nicht beeinträchtigen.

Hiermit endet eine Auswahl der zu jeder Reise geschriebenen Berichte. Unberücksichtigt blieben noch ebenso eindrucksvolle freundschaftliche Begegnungen in Florida, Nord-Carolina, Virginia, Belgien und Ungarn.

Dank und Grüße gehen an alle ehemaligen Gastgeber und Tagesgastgeber, die Zeit und Mühe aufbrachten, unseren Aufenthalt angenehm und interessant zu gestalten. Man fühlte sich immer wie einer großen Familie zugehörig. Wir kamen als Fremde und schieden als Freunde. Und:

Eine Welt von Freunden ist eine
Welt des Friedens

11m hoher Buddha, Japan

Folkloristische Darbietung der Maoris in Rotorua, Neuseeland

Geysir, Rotorua, Neuseeland

Koala, Australien

Markthalle in Singapur

Private Schiffsreisen

Mit der AIDAblu zum Nordkap

So interessant und beeindruckend die Reisen mit FF waren, sie fachten die Reiselust erst richtig an. Es gab ja noch so viele Ziele, die man ansteuern konnte. So nutzten wir die Wochen um Weihnachten und Neujahr, um dem Winter und dem Saisontrubel zu entgehen, zu weiteren Reisen und diesmal mit dem Schiff. So bestiegen wir die AROSA und waren erst einmal überrascht von der Größe und Ausstattung des Schiffs. Auch unsere Kabine war komfortabel. Und dann legte die AROSA ab und nahm Kurs auf die kanarischen Inseln und dann weiter nach Madeira. Bequem und ruhig verliefen die Tage. Das Personal (fast ausschließlich Filipinos) war freundlich und hilfsbereit. Antonio hatte uns wohl ins Herz geschlossen. Er bediente uns vorzüglich. Von den angebotenen Ausflügen wählten wir nur die Inselrundfahrten und gewannen einen Überblick über die Inseln. Wir genossen die herrlichen Ausblicke und bewunderten noble Hotels wie auch einen Künstler, der am Strand aus Sand Figuren schuf. Nun waren wir auf den Geschmack gekommen: Schiffsreisen sind das Ideale. Also buchten wir die nächste Reise mit der AIDAblu zum Nordkap.

Zunächst statteten wir der Stadt Bergen (249 000 Ew.) einen Besuch ab. Hier interessierte uns der Fischmarkt. Das Angebot an Fisch war reichlich. Unter all den verschiedenen Fischarten gab es z.T. Furcht erregend aussehende Exemplare .Wir kauften keinen Fisch.

Ansonsten bietet Bergen, ganz auf Tourismus eingestellt, eine Reihe Sehenswürdigkeiten, wie z.B. das alte Hafenviertel Bryggen, das zum Weltkulturerbe der UNESCO zählt, mit engen Gassen und spitzgiebeligen Häusern, die mit Kränen zur Übernahme von Waren und Gütern ausgestattet sind. Bemerkenswert war auch ein Blick vom Floyen, einem Bergplateau, das auf einer Höhe von 399 m direkt über der Stadt liegt. Den Floyen kann man mit der Standseilbahn oder zu Fuß erreichen.

Die Fahrt ging weiter, vorbei an Fjorden, die ein für uns ungewohntes Bild abgaben. Kahle Felsenwände, ab und zu ein Wasserfall. Schließlich waren wir am Ziel. Skarsvag, dem nördlichsten Fischerdorf der Welt, auf der Insel Mageroy. Es hat mit seinen 150 Ew. sogar eine eigene Schule und eine Kapelle. Ausschiffung! Aber mit Tenderbooten. Die Dorfbewohner begrüßten uns sehr freundlich in ihren typischen Trachten und boten uns Rentierfelle und Geweihe zum Kauf an.

Das Nordkapplateau präsentierte sich als eine 307 m hohe, von vielen Besuchern begangene, kahle Hochfläche, natürlich auch mit Gastronomie und Souvenirverkauf. Wir hatten zum Glück einen klaren Himmel und um 23 Uhr schien uns immer noch die Sonne. Dieses Erlebnis und das Bewusstsein, am nördlichsten Punkt Europas gewesen zu sein, rechtfertigte diese Reise.

Island

Nun nahmen wir Kurs Richtung Island. Island, eine Insel, ist bekannt durch Vulkantätigkeit. Wir machten Halt in Akyreyr, unternahmen einen Ausflug nach Godafoss und an den Myvatn-See, sahen die Pseudokrater von Skutustadir, gingen durch Lavairrgärten, besuchten die Schwefelquellen von Namaskard, wo heiße und schweflige Dämpfe aus den heißen Quellen und blubbernden Schlammlöchern steigen, und besuchten den Dettifoss-Wasserfall, mit einer Fallhöhe von ca. 44 m, der als wasserreichster Wasserfall Europas gilt.

Bei Reykjavik, im Gebiet des Thingvellir Nationalparks, stießen wir auf eine große Grabenbruchzone. Hier treffen die nordamerikanische und die europäische Kontinentalplatten aufeinander, ein faszinierendes Gebiet mit Lavaströmen, tiefen Spalten und üppiger Vegetation. Die durchschnittliche Dehnungsrate der Spalte beträgt 1 cm pro Jahr.

Wir kamen zu einem der schönsten Wasserfälle der Erde, dem Gullfoss, wo der Hvita-Fluss, über 2 Basaltstufen, 32 m tief, in einen bis zu 70 m tiefen Canyon stürzt. Beeindruckend waren auch die Geysire. Die größte aktive Springquelle heißt Strokkur und zur Freude fotografierwütiger Touristen, wird hier aller paar Minuten eine Wassersäule bis zu 20 m in die Luft geschleudert.

Der oftmals tätige Vulkan Hekla verhielt sich ruhig. Island wird nicht nur durch Feuer der Vulkane geprägt, sondern besitzt auch Gletscher und ermöglicht so den Wintersport. Von Reykjavik (118 000 Ew.), der weltweit am weitesten nördlich gelegenen Hauptstadt dieses kleinen Landes, erhielten wir auf der Durchfahrt einen kurzen, doch positiven Eindruck. Die Stadt trug durchaus moderne Züge. Die markanteste Sehenswürdigkeit, die Hallgrimskirkja-Kirche, die größte Kirche Islands, war ganz aus Beton gebaut. Dennoch wollte wohl niemand von uns Touristen auf Island wohnen.

Schließlich lief die AIDAblu in den Hafen von Invergorden (Schottland) ein. Der Aufenthalt lud zu einem kurzen Stadtgang ein, danach verabschiedeten uns Dudelsackbläser in traditionellen Kilts.

Kopenhagen

Nun ging es in flotter Fahrt nach Kopenhagen, vorbei an der Meerjungfrau, die das Ziel vieler Touristen, aber auch von Dieben ist. In der Stadt herrschte rege Bautätigkeit. Doch verdross dies nicht die Wachsoldaten in ihren Bärenmützen. Wir kamen gerade zur rechten Zeit. Denn es fand die, von vielen Kameras erfasste, rituelle Wachablösung statt.

Nach diesem Kurzbesuch brachte uns die AIDAblu nach Kiel, wo unsere Reise begann und nun endete.

Mittelmeerrundfahrt mit der COSTA tropicale

Diesmal nahm uns die Costa auf, ein neues und komfortables Kreuzfahrtschiff. Wir starteten in Rom und legten in Catania (Sizilien) an und hatten es von dort nicht weit bis zum Ätna, wohin uns, nach einem Rundgang durch die Stadt, ein Bus brachte. Die Fahrt ging vom Hafen in Richtung Nicolosi, dem bedeutenden Agrarzentrum der Ätna-Region. Durch Täler aus geschichteter Lava und an Weinbergen vorbei ging es bis auf 2000 m Höhe zu den Silvestri-Kratern. Zum Glück verhielt sich der Vulkan ruhig, so dass man risikolos einen Blick in den Krater werfen konnte.

Der nächste Anlaufpunkt war Marmaris in der Türkei. Hier unternahmen wir eine Fahrt nach Dalyan und stiegen am Ufer des gleichnamigen Flusses auf ein Motorboot um. Durch verzweigte Kanäle kamen wir an Baumwoll- und Gemüsefeldern, wechselnd mit dichtem Schilf, entlang und sahen die in die Felswände gehauenen lytischen Grabstätten. In Caonos gingen wir von Bord, um die Überreste der alten lytischen Stadt, die Ruinen des Theaters, der Tempel und Thermen der lytischen Könige zu sehen.

Am nächsten Tag erreichten wir Patmos (Griechenland). Es ist eine sehr kleine Insel mit nur 34 km² Fläche. In Skala unternahmen wir einen kleinen Stadtbummel und sahen viele mit Blumen und Grün geschmückte Häuser, Höfe und Balkons.

Als nächstes Ziel wurde Santorin angelaufen. Mit einem Motorboot fuhren wir zum Hafen von Athinios und mit dem Bus bis zur nördlichsten Stelle, in das Dörfchen Oia. Wir wandelten durch marmorgepflasterte Gässchen mit typisch blau-weißen Häusern, sahen die kleine Kirche St. Niolaos und konnten, nach einem Bummel durch die Geschäfte, per „Esel" aber auch mit der Seilbahn zum Hafen zurückkehren.

Vorbei an der Insel Stromboli mit dem noch aktiven Vulkan, wir sahen aber nur ein Rauchfähnchen, gelangten wir zurück nach Civitavecchia, dem Hafen von Rom.

Rom: Bei einer kurzen Rundfahrt bewunderten wir die Symbole der Stadt, das Kolosseum, das Amphitheater und den" Piazza Venezia". Bei einem Spaziergang durch die Stadt kamen wir zum Piazza Navona, sahen das Haus in dem Mario Adof eine Wohnung hat, warfen in den „Treve-Brunnen", „La Fontana di Trevi", traditionsgemäß eine Münze hinein, um sicher zu gehen, in die Stadt zurückzukehren und gelangten an der Trajansäule vorbei zur berühmten Spanischen Treppe.

Von Rom aus ging es nochmals über Catanis nach Tunis (Tunesien). Wir besuchten das Bardo-Nationalmuseum, sahen hier eine Vielzahl römischer Mosaike, Statuen und antiken Schmuck und anschließend die „Antonius-Therme", das Theater und das Amphitheater, alles ausgezeichnet erhaltene Bauwerke der Römerzeit. Zum Abschluss ging es in das Dorf Sidi Bou Said mit seinen berühmten weißen und blauen Häusern.

Über Ibiza, wo wir nur einen kleinen Bummel unternahmen, gelangten wir nach Palma de Mallorca. Zu Fuß erkundeten wir den Ort, bummelten durch die Altstadt und besichtigten die Kathedrale.

Unsere letzte Station war nun Ajaccio (Korsika). Hier sahen wir das Geburtshaus Napoleons und das Napoleondenkmal. Von hier aus unternahmen wir einen Ausflug zu den Sanguinaire-Inseln, den „Iles Sanguinares" (den blutroten Inseln), deren Name von ihrer Farbe bei Sonnenuntergang herrührt.

Die Costa brachte uns nun zurück nach Civitaecchia (Rom) und unsere Mittelmeerkreuzfahrt ging hier zu Ende.

Seeteufel, Fischmarkt in Bergen

Grabenbruchzone im Thingvellir Nationalpark, Island

Lytische Grabstätten in den Felsenwänden am Ufer des Dalyan-Flusses auf Marmaris

Eselabstieg im Dorf Oia

La Fontana di Trevi, Rom

Höhepunkte der Karibik und der kleinen Antillen mit der Lili Marleen

Das Lied von „Lili Marleen" ist ja weithin bekannt und beliebt. Auch die Melodie klang gut und so komfortabel präsentierte sich auch das Schiff, das uns von der Dominikanischen Republik aus durch die Karibik schippern sollte. Es war eine Kreuzfahrt von Insel zu Insel. Wir erhielten täglich Informationen zu den anzulaufenden Inseln und Orten.

Santo Domingo

St. Domingo, (ca. 3 Mio. Ew. von 8,4 Mio. Ew. der Dominikanischen Republik) ist außerdem die älteste Stadt Amerikas und Hauptstadt der Republik. Es war eine Sturmwarnung ausgegeben und wir verblieben die erste Nacht im Hafen. Ein kurzer Gang durch den Ort war beschwerlich, des groben Pflasters wegen. Der historische Stadtkern wurde 1990 von der UNESCO zum Weltkulturerbe der Menschheit erklärt. Wir besuchten den Alcazar de Colon", eine Palastanlage mit Arkadenfront, in der Diego Colon, der Sohn von Kolumbus und seine Frau residierten, die Kathedrale „de Santa Maria la Menor", in der sich lange der Sarg mit den Gebeinen von Christoph Kolumbus befand, und sahen in der Ferne den" Faro de Colon", ein überdimensionales Bauwerk, das 1992 zum 500. Jahrestag der Entdeckung Amerikas gebaut wurde. Dieses ist die neue Grabstätte von Kolumbus. Der Bau ist ca. 240 m lang, 50 m breit und 46 m hoch, ganz aus Marmor und stellt, von Oben betrachtet, ein Kreuz dar. Am Abend bei Dunkelheit wird ein Kreuz aus Laserstrahlen an den Himmel geworfen.

St. Domigo ist die älteste von Europäern gegründete Stadt. Sie musste nach einem Hurrikan und einer Ameisenplage 1502 neu gegründet werden. Auf dem Schiff wurde allabendlich eine Show von einem ukrainischen Ensemble aufgeführt, die auf beachtlichem Niveau stand.

Tortola

Diese Insel ist die größte der britischen Jungferninseln. Holländische Siedler gründeten 1648 die Road Town. Eine Rundfahrt machte uns mit der Insel bekannt. Von Fort Hill hatte man einen prächtigen Ausblick auf die Cane Garden Bay, wo wir später Rast machten, um in dem kristallklaren Wasser zu baden. An dem herrlichen Sandstrand genossen wir noch einmal die karibische Sonne ehe wir wieder zu unserem Schiff gelangten, wo uns schon die abendliche Show erwartete.

St. Kitts

Dann ging es weiter zur Insel St. Kitts. Als Sehenswürdigkeit sei hier Brimstone Hill genannt. Das Fort wurde 1680 erbaut und war Schauplatz einiger französisch-britischer Schlachten im 18. Jahrhundert. Dieses architektonische Meisterwerk zählt zum UNESCO Weltkulturerbe. Eine große Rolle spielt heute das Zuckerrohr.

Martinique

Unser nächster Anlaufpunkt war Fort de France, die Hauptstadt der Insel Martinique. Sie ist fester Bestandteil der französischen Republik und gehört demzufolge zur EU. Bei ei-

Alcazar de colon in Sante Domingo

Cane Garden Bay, Tortola

Musikanten, Martinique

Kopflose Marmorstatue der Kaiserin Josephine
im Park La Savane Fort de France

nem kleinen Stadtrundgang wurden wir von Musikanten mit typischen Instrumenten begrüßt. Inmitten der Stadt sahen wir im Park La Savane die Marmorstatue der Kaiserin Josephine, die hier geboren wurde. Sie war kopflos, denn aus Protest gegen eine Wiedereinführung der Sklaverei hatte man ihr 1985 den Kopf abgeschlagen. Die Zeit war knapp, deshalb konnten wir Sehenswürdigkeiten wie die Bibliothek Schoelcher und die St. Louis Kathedrale nur von außen betrachten. Bei einer Inselrundfahrt gelangten wir auch zur Distillerie DEPAZ, wo aus Zuckerrohr der von Feinschmeckern geschätzte goldene Rum gebrannt wird. Die Balata-Kirche ist eine Mininachbildung der Sacre-Coeur Kirche vom Montmartre in Paris.

Guadeloupe

Es handelt sich um zwei Inseln, Grand Terre und Basse Terre, die von oben betrachtet, wie ein Schmetterling aussehen sollen. Pointe á Pitre, benannt nach einem Holländer, ist die größte Stadt der Insel (50 000 Ew.). Hier befindet sich die „Eiserne Kathedrale" so genannt wegen des Stahlkorsetts, das sie wegen der zahlreichen Wirbelstürme erhalten hatte.

St. Maarten

Diese Insel teilten sich 1648 Frankreich und die Niederlande friedlich. Die Spanier besiedelten sie mit Strafgefangenen. Die 63 000 Einwohner verteilen sich gleichmäßig auf beide Teile. Heute lebt man hier friedlich.

St. Antigua

St. Johns, die Hauptstadt Antiguas, entpuppte sich als eine verkehrsreiche Stadt. Nicht weit vom Zentrum hatte man für Kreuzfahrttouristen eine geräumige Strandanlage angelegt, die wir auch zu einem Bad im 25°C warmen Meer nutzten. Auf unserem Bummel durch die Stadt fanden wir wie auf allen Inseln einheimisches Kunstgewerbe, Strohpuppen und Masken, sowie Freizeitmode im kreolischen Design.

Dominica

Dominica ist eine Insel der kleinen Antillen. Wir besuchten den Trois Nationalpark und kamen nach einer kurzen Fahrt durch den Regenwald zum Wasserfall am Emerald Pool. Schließlich gelangten wir zum Reservat „Carib territony", wo die letzten (ca. 500) Indianer vom Stamm der Kariben leben. Es ist ein Gebiet, was als Heimat der karibischen Indianer bezeichnet wird.
Die Gruppe Karifuna, in ihren traditionellen Kostümen, bot uns ein folkloristisches Programm mit traditionellen Tänzen, an denen wir auch teilnahmen. Wir warfen einen Blick in die hier gelegene Salybia-Kirche, in der ein aus Holz geschnitzter Altar in der Form eines Kanus steht und die mit Malereien der Indianer versehen ist.

St. Luchia

Das einst als „Die schönste Insel" bezeichnete Eiland, weist heute kaum Sehenswürdiges auf. Schuld daran sind die beiden großen Brände 1927 und 1948, die alles Historische vernichteten. So gibt die wieder aufgebaute Hauptstadt derzeit ein modernes Bild ab.

Schoelcherhaus – Bibliothek, Fort de France

Distellerie „DEPAZ", Martinique

Tanz der Kariben Gruppe" Karifuna", Dominica

Salybia-Kirche im Reservat „Carib territoni"

Häuser an den Berghängen, St. Vincent

St. Vincent

Die Insel gehört zu einer Inselgruppe. An den Hängen der Vulkanberge befindet sich dichter Dschungel, in den sich malerische Häuser einfügen. Auf der Insel finden wir den ältesten Botanischen Garten der westlichen Hemisphäre und die vom Kapitän der legendären Bounty auf die Insel gebrachten Brotfruchtbäume. Hier leben noch die für die Insel typischen Papageien. Die Hauptstadt Kingstown hat 37 000 Einwohner.

Barbados

Diese Insel ist wohl die britischste Insel und hoch zivilisiert. Diese Insel hatte für uns nur die eine Bedeutung, dass unsere Reise nun zu Ende war. Das Ensemble der Lili Marleen hatte uns in gewohnter Weise mit einem niveauvollen Programm verabschiedet und das Flugzug brachte uns, beladen mit unvergesslichen Eindrücken, zurück in die Heimat.

Privat unternommene Reisen

Thailand

Um etwas von den Sitten und von der Philosophie Asiens kennen zu lernen, buchten wir eine Reise nach Thailand, in das Land des Lächelns. Es sollte eine Rundreise besonderer Art sein, die uns von Bangkok aus über Ajutthaya, Sukhothai, Chiang Rai, Goldenes Dreieck, Chiang Mai, und wieder zurück nach Bangkok, verbunden mit einem Badeurlaub in Pattaya, brachte. Nani war unsere gut deutsch sprechende Reiseleiterin. Bei der Stadtrundfahrt in Bangkok besichtigten wir den Wat Traimitr Tempel, in dem sich ein 3 m hoher Buddha aus purem Gold befindet und die älteste Kulturanlage der Stadt, den Wat Po, mit dem berühmten liegenden Buddha. Er ist 46 m lange, 15 m breit und mit 5,5 t Blattgold überzogen. Seine Fußsohlen sind überdimensional groß und mit Perlmutt-Intarsien verziert. 16 Tore, bewacht von Dämonen, führen durch die Umgrenzungsmauer ins Innere. Auf dem Gelände stehen noch viele bronzene Buddha-Statuen und 4, mit Keramikkacheln verzierte, Chedis. König Bhumibol Adulyadej, Rama IX. lebte hier als buddhistischer Mönch im Kloster. Zu einem Muss gehörte auch der Besuch des Königspalastes, in dem sich unter anderem der heiligste aller Tempel, der Tempel des Smaragd-Buddhas, befindet.

Das zweite Ziel war Ayutthaya und Sukhothai. Ayutthaya ist die alte Hauptstadt, die Königsstadt. Sie wurde 1767 von den Burmesen zerstört. Die Ruinenstadt gehört zum UNESCO Kulturerbe. Wir besichtigten den Wat Panancheung-Tempel mit vielen Buddhas, sahen wieder einen goldenen Buddha, und staunten über die vielen Spenden, besonders über den Spendenbaum am Eingang. So etwas kannten wir nicht. Dann ging es zur Tempelanlage Wat Yai Chaimongkol, deren großer Chedi weithin sichtbar ist. Er ist einer der ältesten Wats im alten Siam aus dem 16. Jahrhundert. Im großen Chedi soll die königliche Asche aufbewahrt sein.

Mit einem Boot fuhren wir auf dem Chao Phraya nach Nakorn Sawan, besuchten den Markt und staunten über die Sitte, 5 Personen auf einem Moped zu transportieren. Dies dürfte deutsche Polizei nicht sehen. Am Abend erreichten wir Sukhothai. Sukhothai war die erste Hauptstadt Siams. 9 Könige regierten hier in der Zeit von 1238 bis 1438. Wir besuchten den historischen Park mit Ruinen, Tempeln und Buddha-Figuren. So sahen wir z.B. den Wat Mahathat, die große sitzende Buddha-Figur, den Wat Phra Phai Luang, die riesig stehende Buddha-Figur und den Wat Chang Lom, den von vielen Elefanten getragenen Chedi.

Unsere Fahrt ging weiter von der Hochebene in die Berge nach Lampang und dann in Richtung Phayao nach Chiang Rai bis zum „Goldenen Dreieck. Nach einem Stopp an einer Ananasplantage, wo sogar die Hunde mit Ananas gefüttert wurden, hielten wir an einem außergewöhnlichem buddhistischen Tempel, dem Wat Rong Khun. Dieser Tempel wird seit 1998 von einem thailändischen Künstler gestaltet.

Unsere Fahrt führte über Chiang Sean ins Grenzgebiet von Thailand, Myanmar und Laos - dem Goldenen Dreieck. Vom Aussichtspunkt aus erfassten wir ein faszinierendes Landschaftsbild, das vom Mekong-Fluss geprägt war. Nach dem Besuch des Opium-Museums, das uns Kenntnisse über den Anbau und die verheerenden Folgen des Opiumrauchens vermittelte, fuhren wir mit einem Langboot zu einem Aussichtspunkt auf der anderen Seite des Flusses, nach Laos. Anschließend kamen wir nach Mae Sai, der Grenzstadt zu Myanmar.

In Myanmar bestiegen wir „Tuk Tuk´s" und fuhren zu den Bergstämmen der Akha, mit ihren so genannten Silberfrauen (ihr Silberkopfschmuck hat ein Gewicht bis zu 5 kg) und den Padong Karen, bekannt durch die Langhalsfrauen (die Frauen verlängern ihre Hälse durch das Tragen von Messingreifen). Im Alter von 6 Jahren bekommen die Mädchen ihren ersten

Ring um den Hals und jedes weitere Jahr wird er um einen Ring erweitert.

Von Chiang Rai aus gelangten wir über zwei weitere typische Bergdörfer und einem Stopp am Markt von Mae Salong und den Hiang Dao Höhlen nach Chiang Mai. Für 1 km innerhalb der Stadt benötigten wir zwei Stunden, denn wir kamen gerade zum „Songkran", dem traditionellen thailändischem Neujahresfest (12.-15. April), das mit viel Wasser begangen wird, an. Da ist auf den Straßen die Hölle los. Mit Wassertanks und jauchzenden Menschen beladene Pickups fahren durch die Straßen und begießen Mopedfahrer, Autos und Fußgänger im Vorbeifahren mit Wasser. Reine Wasserschlachten werden hier veranstaltet.

Ein Höhepunkt war der Besuch in dem Elefantencamp Maetaeng, wo wir den malenden und Fußball spielenden Elefanten und im Flüsschen badenden Elefanten zusahen. Eine Stunde ritten wir auf einem Elefanten durch den Dschungel ins Dorf Lisu Village und stiegen dann auf einen Ochsenkarren um, um ins Camp zurück zu fahren. Eine Floßfahrt auf dem Maetaeng, bei der uns im Wasser stehende Händlerinnen ihre Waren anboten, bildete den Abschluss des Ausfluges.

Für Blumenliebhaber ging es noch in eine Orchideen- und Schmetterlingsfarm und zu verschiedenen traditionellen Handwerkstätten, für die Chiang Mai berühmt ist.

Zum Abschluss besuchten wir den wohl berühmtesten Tempel Chiang Mai's, den Wat Phra That Dio Suthep, der in einer Höhe von 1530 m etwas außerhalb liegt. Zwei große Nagaschlangen flankieren die 300 Stufen zählende Treppe zum goldenen Chedi.

Am anderen Tag flogen wir zurück nach Bangkok und traten unseren Badeurlaub in Pattaya an. Das Hotel war sehr schön und wir ließen uns mit Thaimassagen verwöhnen. Besonders auffallen war hier der Unterschied zwischen Reich und Arm. Fazit unserer Reise: Thailand ist ein faszinierendes Land mit freundlichen (und hübschen!) Menschen.

Südafrika

Die Reportagen im Fernsehen reizten uns, auch die Natur, den Wildreichtum des Schwarzen Kontinents kennen zu lernen. So flogen wir also 9500 km weit nach Johannesburg. Von hier aus ging es nach Pretoria. Pretoria ist eine Stadt mit 7000 Jacarandabäumen, die im Frühling ihre Blütenpracht entfalten. Wir besichtigten das Voortrekker-Monument, das von 60 Ochsenwagen aus Granit umrahmt wird und in dem die Geschichte der Besiedelung dargestellt wird. Voortrekker waren die ersten Siedler des Landes, die sich hauptsächlich mit den Zulus auseinandersetzen mussten. Das Monument war zur Erinnerung an den Sieg über die Zulus am Bloed Rivier (Blutfluss) errichtet worden. Bei unserem Stadtrundgang sahen und fotografierten wir sowohl das Unionsgebäude als auch das neue Regierungsgebäude.

Der nächste Tag bescherte uns eine lange Busfahrt am Blyde River entlang. Wir lernten dabei die 16 km lange und damit drittgrößte Canyonlandschaft der Welt kennen. Vorbei an den so genannten „drei Schwestern" (3 Bergkuppen) erblickten wir die, durch Wasser geformten, Felsen Bourke's Luck Potholes. In Pilgrims Rest, einer alten Goldgräberstadt, ließen sich Ndebele Frauen fotografieren, gegen Obolus natürlich. Und überall Souvenirs.

Krüger Nationalpark

Das sollte unser Hauptereignis werden. Um es vorweg zu sagen: Wir waren enttäuscht. Wohl entdeckten wir kurz nach der Einfahrt, unmittelbar an der Straße, einen Geparden, der sich an einem gerissenen Alpaka labte und ein wenig später einen Löwen, ebenfalls dicht neben der Straße, der den Anschein erweckte, ein Angestellter der Parkverwaltung zu sein und der seine Rolle zu spielen hatte. Aber nichts von den großen Fünf. Ein paar Elefanten, Giraffen, Zebras und Alpakas sowie Warzenschweine, Paviane und Kudus bekamen wir zu sehen. Unsere Erwartungen waren eigentlich größer. Darüber hinaus bot die Landschaft einen traurigen Anblick, von der Sommerhitze und Bränden ausgedörrt und den Tieren wenig Nahrung bietend.

Swaziland

Unser nächstes Ziel war Swaziland, ein kleines eigenständiges Königreich mitten in Südafrika. Es hat ungefähr die Ausmaße Schleswig-Holsteins und sogar eigenes Swasigeld - „Lilangeni". Swasilands König Mswati III., Südafrikas letzter absoluter Monarch, hatte gerade mit 37 Jahren seine 13. Frau geheiratet, die 17 jährige Phindile Nkambule, die er sich beim traditionellen Reed Dance der jungfräulichen Mädchen geangelt hatte. Er hat erst 27 Kinder und kann weitere Frauen heiraten. Sein Vater Mswati II. hatte 100 Frauen und ist mit 83 Jahren verstorben.

Bei den Zulus

Wir verließen das Swasiland und fuhren nach Hluhluwe in das Land der Zulus. Ein Höhepunkt war der Besuch bei Chief Thomas, dem Häuptling eines Zulu Krals. Hier erhielten wir einen Einblick in das Leben und die Sitten der Zulus. Der Häuptling hatte 3 Frauen. Man kann sich noch weitere Frauen dazukaufen (zum Lobola (Brautpreis) für etwa 11 Kühe) Die hübschen jungen Zulumädchen zeigten uns (oben ohne) Tänze ihres Volkes. Wir kosteten das Zulubier aus Hirse, bestaunten die Vorführungen einer weiblichen Sangoma (Hexenmeisterin), die die Sprache der Geister versteht und die in

Knöchelchen, Baumrinden und Schlangenhäuten die Vergangenheit, aber auch die Zukunft lesen kann. Wir wurden auch in der Haupthütte beköstigt. Dazu hatten die Männer zuerst Einlass und sitzen rechts vom Eingang, die Frauen links und der bzw. die Älteste am weitesten vom Eingang entfernt. Zuerst werden die Männer bedient.

Dann ging es weiter nach Durban, von wo wir nach Port Elisabeth, dem Tor der Gartenroute, flogen. Dort angekommen unternahmen wir eine kurze Stadtrundfahrt, sahen im historischem Kern gut erhaltene Siedlerhäuser von 1827 und die steinerne Pyramide, die zur Erinnerung an die Frau des Kap-Gouverneurs Sir Rafane Donkin erbaut wurde, nach der auch die Stadt benannt wurde.

Die Fahrt ging weiter über Tsitsikamma, in den dortigen Nationalpark mit seinen riesigen Yellowwoods- und Stinkwoodbäumen (der „Big Tree" ist über 800 Jahre alt, 36,6 m hoch, davon der Stamm 18,3 m, er hat eine Kronenweite von 32,9 m und einen Stammumfang von 8,9 m), Plettenberg Bay und Knysna nach Wildernes und Qudtshoorn. Hier besuchten wir die Cango Tropfsteinhöhlen, ein Naturwunder Afrikas. 28 Kammern sind über 2 km Passagen miteinander verbunden und enthalten interessante Gebilde wie die „Orgelpfeifen", die 13 m hohe „Kleopatranadel" oder den „gefrorenen Wasserfall".

Qudtshoorn ist das Zentrum der Straußenzucht. In der „Safari Ostrich Show Farm" konnten wir auf einem Strauß reiten und erfuhren alles über die Straußenzucht. Von Qudthoorn durch die Halbwüste der kleinen Karoo, via Barrydale und dem Hauptflusspass, gelangten wir nach Kapstadt.

Kapstadt

Von der Ferne sahen wir schon den Tafelberg, links von ihm das Signalhorn und rechts den Löwenkopf. Der Tafelberg zeigte sich am anderen Morgen unter strahlend blauem Himmel (oft ist er mit einer Wolkenschicht - man nennt sie scherzhaft Tischtuch - bedeckt). In 5 Minuten ereichten wir mit der, sich um 360 Grad drehenden, Gondel der Seilbahn den Gipfel, 1086 m über der Stadt. Die Aussicht war atemberaubend. Nach einer kurzen Stadtrundfahrt ging es von Kapstadt aus weiter nach Stelenbosch der zweitältesten Stadt Südafrikas, welche im Jahre 1679 gegründet wurde. Dort befinden sich viele denkmalgeschützte Häuser wie z.b. das Schreuderhaus, es gilt als ältestes Stadthaus Südafrikas und das Bletterman-haus. Ein besonderes Erlebnis war auch der Ganztagsausflug über die Kaphalbinsel. Es ging über Camps Bay, die unterhalb der 12 Apostel liegt, in die Bucht von Hout's Bay und bis zum Kap der Guten Hoffnung, an die südlichste Spitze der Kaphalbinsel. Mit der Drahtseilbahn ging es hinauf zum Cape Point. Unterhalb dessen treffen der atlantische und der indische Ozean zusammen. Dann kamen wir zu den Jackass-Pinguinen an den Boulders Beach, die als afrikanische Eselspinguine bezeichnet werden (ihr Paarungsruf klingt den Lauten der Esel ähnlich) und welche hier ein Schutzgebiet haben. Sehr beeindruckend war auch der Besuch des Kirstenbosch Nationalgartens. Er gilt als einer der schönsten der Welt. Hier konnten wir u.a. die Königsprotea, Südafrikas Nationalblume, aus nächster Nähe betrachten.

Den letzten Tag verbrachten wir in Kapstadt und besuchten das große Einkaufs- und Freizeitzentrum „Waterfront" im Hafen Kapstadts, bevor es am Abend ins Drehrestaurant „Top of de Ritz", zum gemeinsamen Abschiedsabendessen mit Springbock und Straußensteak, ging. Vom 21. Stock aus hatten wir einen fantastischen Blick über das abendliche Kap-

Wat Rong Khun, Thailand

Löwe im Krüger Nationalpark, Südafrika

Tanz der Zulu-Mädchen, Hluhlwe, Süd-Afrika

„Waterfront", Kapstadt

stadt, da das Restaurant sich innerhalb von 90 Minuten einmal um seine Achse dreht. Etwas wie Nostalgie vermittelte eine Geschäftsstelle der kommunistischen Partei mit dem Konterfei von Lenin.

Djerba

Diese Tunesien vorgelagerte Insel (mit 838 km² Fläche) ist in der Saison ein beliebtes Ziel, doch auch im Winter reisen dorthin Touristen, die dem Winter entfliehen wollen, denn hier ist es meist sommerlich warm. Und wir wurden nicht enttäuscht. Eine großzügige Hotelanlage, die Gebäude in landestypischer Architektur, sowie die Freundlichkeit und der Komfort im Hotel sorgten für einen angenehmen Aufenthalt. Wir buchten einen Tagesausflug in die Wüstenoase „Douz". Zunächst ging es mit der Fähre von Ajim (Djerba) nach „ El Jorf" in Südtunesien. Wir kamen auf der Straße nach Douz zuerst zu der alten Berberstadt Tamezret, die wie eine weiße Festung im Berg liegt. Bei einem kurzen Stopp sahen wir Berber beim Dominospiel und ein findiger Berber ließ für Geld seinem kleinen Kamel die Flasche geben. Dann erreichten wir die „Oase Douz", das Tor zur Wüste Sahara. Verhüllt in ein Berbergewand, bestiegen wir zu einem einstündigen Ritt die Dromedare. Fußlahme kamen in zweirädrige Kutschen.

Danach ging es in das bekannteste Höhlendorf Matamara. Die Höhlenwohnungen werden vereinzelt noch bewohnt. Die meisten wohnen mittlerweile oberhalb und zeigen ihre Wohnungen den Touristen. Wir besichtigten eine noch bewohnte Höhlenwohnung und das Restaurant „Sidi Driss". Eigenartig war für uns der alte Friedhof, ungewohnt angelegt, nur spitze Steine im Erdreich.

Ein weiterer Ausflug „Djerba kreuz und quer" führte uns, entlang der südlichen Seite der Insel Djerba, zum Römerdamm, der die Insel schon seit antiken Zeiten mit dem Festland verbindet. Es ging weiter nach Guellala, einem Töpferdorf. Nach dem Besuch einer traditionellen Töpferei, in der man die altüberlieferten Handwerkskünste an der Drehscheibe bewundern konnte, ging es in das neue Volkskundemuseum, das auf den höchsten Hügeln der Insel liegt. Von dort hat man einen wunderschönen Blick bis hinüber aufs Festland. Im Museum konnten wir die Darstellung alter Traditionen, Alltagstrachten, aufwendige Brautkleider, Schlafzimmer, Saloons und alte Darstellungen der Färber und Weber sehen.

Unsere letzte Station war Houmt Souk. Nach dem Besuch einer Teppichknüpferei ging es noch zur Römischen Festung „Bordj el Kebir".

Zypern

Die beeindruckenden Erlebnisse all dieser Reisen öffneten die Augen für die Vielgestaltigkeit und Schönheit der von der Natur und den Menschen geschaffenen Realität und weckten die Lust zu weiteren Reisen. Es war der Winter, dessen kalten Tage man ausweichen wollte, der uns veranlasste, Reiseziele in wärmeren Gegenden zu buchen. Doch wo sind die Winter mit warmen Tagen? So verbrachten wir 2 Wochen auf der Insel Zypern, der Insel der Aphrodite, denn hier sollte der Sage nach die „Schaumgeborene" dem Meere entstiegen sein. Die Sonne schien und es war warm, so dass man sich zu Weihnachten einen Sonnenbrand holen konnte.
Bekanntlich ist Zypern geteilt zwischen Griechenland und der Türkei. Wir nahmen an einer Rundfahrt teil, kamen bis Nikosia,, der weihnachtlich geschmückten Hauptstadt. Die-

se ist ebenso wie das Land Zypern geteilt. An der innerstädtischen Grenze, mitten in einer Straße, staute sich das Volk um einen Blick nach „drüben" zu erhaschen. Wir taten das auch, trotz der mit ihren Gewehren bedrohlich aussehenden Grenzwachposten.

Von hier fuhren wir weiter und kamen zu den Ausgrabungsstätten des Stadtkönigreichs Kourion, das auf einem Felsplateau hoch über dem Meer liegt. Beeindruckend waren das Amphitheater, die Bodenmosaike im Haus des Eustolios und auch die Bodenmosaike im Haus von Achilles und im Haus der Gladiatoren, Mosaike mit Vögeln, Fischen und Blumenmotiven.

Wir bummelten durch das Dörfchen Monagri, erhielten durch den Dorfpriester Einlass in die kleine Dorfkirche, mit prächtigen Ikonen an den Wänden, besuchten das Kloster Panagia Tis Lamatikis und gelangten zum Weinbauerndorf Omodos. Bei einer Weinverkostung probierten und kauften wir den typischen Commandaria-Dessertwein. Auch die älteste Weinpresse der Welt, „Linos", wurde besichtigt.

Auch das Dörfchen Pelendri, mit der" Kirche des Heiligen Kreuzes", die durch ihre Wandfresken aus dem 14. Jh. bekannt ist, war sehenswert.

Im Dorf Voumi, von der UNESCO als typisches Dorf Zyperns ausgezeichnet, gab es Mittagessen, Fleisch vom langen Spieß. Wir gingen durch die alten zum Teil auch wieder neu bebauten Gassen und besuchten das Olivenölmuseum.

Von unserem Hotel aus war es nicht weit den Strand entlang, zu dem direkt am Meer liegenden Fort, das 1592 von den Türken wieder aufgebaut wurde.

Mit gemischten Gefühlen bemerkten wir unterwegs etliche Unentwegte, die sich sonnten und einige, die im sicherlich ungeheizten Meer badeten.

Unweit vom Hafen befindet sich das Eingangsgebäude zu den „Mosaiken von Phafos". In dem archäologischen Park lassen sich Ausgrabungen aus dem 3. bis 4. Jahrhundert bewundern. Besonders die Bodenmosaike, die Szenen der damaligen Zeit darstellen, sind sehenswert. Sie wurden von der UNESCO in die Liste des Weltkulturerbes aufgenommen. Nicht zerstört waren in einigen ehemaligen Patrizierhäusern die Mosaikfußböden, z. B. im Haus des Dionysos", die Entführung des Ganymed" darstellend. Solche prächtigen Fußböden, mit ihren kunstvollen Darstellungen, konnten wir noch mehrfach bewundern. Überhaupt Mosaiks: Es lässt erstaunen, wie mittels dieser farbigen Steinchen wahre Kunstwerke, Figuren und Darstellungen entstanden sind.

Kamelritt in der Oase Douz, Tunesien

Im Höhlendorf Mantamara, Tunesien

Kirche des Heiligen Kreuzes in Pelendi, Zypern

Bodenmosaik im archäologischen Park von Phafos, Zypern

Wolfgang Müller

Das verborgene Paradies

Wer ist nicht gern dabei, wenn es mit dem Ruck-
sack von weißen Stränden, hinauf durch dünne Luft-
schichten, entlang an schneebedeckten Vulkanen
und tiefen Schluchten in die Faszination des Regenwaldes geht.
Wer schläft nicht gern in der Natur, badet in Wasserfällen, angelt in Lagunen sein Abendbrot, isst die
Früchte des Regenwaldes, schlägt sich Kokosnüsse
gegen den Durst herunter, trinkt aus Lianen und
spricht gern, entfernt vom Tourismus, mit den Ein-
heimischen über ihre Ansichten, Gefühle und Lebensweisen.
Dann kommen Sie mit!

ISBN: 978-3-86634-594-2   Preis: 14,95 Euro
Paperback   210 S., 19,6 x 13,8 cm

Günter Woigk

Skurrile Betrachtungen

Die Glossen zu wahllos aufgegriffenen Themen
boten die Möglichkeit zur skurrilen Betrachtung und
gaben der Fantasie freien Lauf, um andere zum
Schmunzeln zu bringen, nicht ohne auch gelegentlich zum Nachdenken anzuregen.

ISBN: 978-3-86634-520-1   Preis: 12,50 Euro
Engl. Paperback   218 S., 19,6 x 13,8 cm